O sucesso de ser você!

Copyright© 2024 by Literare Books International
Todos os direitos desta edição são reservados à Literare Books International.

Presidente do conselho:
Mauricio Sita

Presidente:
Alessandra Ksenhuck

Vice-presidentes:
Claudia Pires e Julyana Rosa

Diretora de projetos:
Gleide Santos

Editor júnior:
Luis Gustavo da Silva Barboza

Capa:
Rubens Lima

Diagramação e projeto gráfico:
Gabriel Uchima

Revisão:
Alessandra Ceroy, Ivani Rezende e Priscila Correia

Impressão:
Gráfica Paym

Dados Internacionais de Catalogação na Publicação (CIP)
(eDOC BRASIL, Belo Horizonte/MG)

S354s Schmidt, Saschi.
O sucesso de ser você! Como despertar seu potencial máximo e conquistar a vida que sempre sonhou utilizando os 7 segredos da GRATIfulness / Saschi Schmidt. – São Paulo, SP: Literare Books International, 2024.
280 p. : 16 x 23 cm

Inclui bibliografia
ISBN 978-65-5922-795-2

1. Autoconhecimento. 2. Sucesso. 3. Técnicas de autoajuda. I. Título. II. Série.

CDD 158.1

Elaborado por Maurício Amormino Júnior – CRB6/2422

Literare Books International.
Alameda dos Guatás, 102 – Saúde– São Paulo, SP.
CEP 04053-040
Fone: +55 (0**11) 2659-0968
site: www.literarebooks.com.br
e-mail: literare@literarebooks.com.br

DEDICATÓRIA

A tudo e a todos que precisaram existir
antes e durante a minha existência
para que este livro chegasse até você.
A verdadeira gratidão é o que faz
você enxergar a beleza
de toda a existência em até
um simples gole de água.

AGRADECIMENTOS: UMA DECLARAÇÃO DE AMOR

Quando se conhece a gratidão em sua essência, fica difícil agradecer a apenas uma ou algumas pessoas, pois sabe que toda a existência foi importante para que esse momento, pelo qual é grato, acontecesse.

Porém, a existência tem várias formas de se apresentar e se manifestou de tantas maneiras para que eu, hoje, estivesse aqui escrevendo para você, que me permitiram expressar meu carinho especial por algumas pessoas que participaram ativamente deste processo de forma mais próxima.

Antes de qualquer coisa, preciso dizer que sou grata a você por estar lendo este livro e se abrindo para entregar seu melhor ao mundo, despertando para ser seu maior potencial, pois assim meu mundo também ficará melhor e, do mesmo modo, toda a existência. Como não o amar por isso?

Quero agradecer a todos que me permitiram ser quem eu sou. A meus pais biológicos e a meu pai de coração, que já não se manifesta mais presente neste mundo, mas que vive em meu coração. À minha ancestralidade, que os precedeu. À minha família, amigos e pessoas que foram um grande desafio em minha vida e que também me fizeram melhor. À existência e, é claro, àquele que coordena tudo isso, que para uns é Deus, para outros, existência máxima, consciência superior e por aí vai. Amo vocês!

Quando decidi escrever este livro, tive o apoio de uma pessoa que é incrivelmente importante no processo que trilhei para me tornar quem sou hoje. Ele acelerou meu crescimento, me desafiando a ser melhor a cada dia e, se depois de ler este livro, acreditar que as palavras que escrevi lhe fizeram algum bem, isso só aconteceu porque um dia entrei em um carro branco – que me levou a essa jornada até você –, o qual meu futuro marido estava dirigindo.

Hoje, como marido, ele constantemente me desafia a ser melhor, não me dá descanso, pois mesmo que ele já me ame como eu sou, sabe que tenho ainda mais para dar e, do jeito dele, me desafia a encontrar o melhor de mim todos os dias. Gratidão, meu amor! Te amo!

Queria agradecer também a uma amiga muito especial, que ajudou minhas palavras a criarem ainda mais fluidez, revisando meus textos. Além disso, o mais importante foi a motivação que sempre me deu e que continua me dando a cada dia, além de cuidar da minha assessoria de imprensa. Priscila Correia, te amo!

Outra amiga importante nesse processo foi a Ma (Marisa Marianno). Sem ela, meu livro estaria no limbo dos livros. Ela me apresentou ao meu editor e, também, sempre deixou a minha fé no meu livro lá em cima, mesmo quando estava passando pelos próprios desafios. Eu te amo!

Por fim – senão este texto vira outro livro –, queria agradecer ao meu Editor e a toda equipe Literare Books por terem acreditado em

Agradecimentos

mim, nas minhas palavras, na minha entrega e no meu propósito. Depois de ter passado dois anos deixada no limbo, onde poderia ter parado de acreditar no meu livro, ter encontrado o Maurício Sita e a Alê (Alessandra Ksenhuck) naquela tarde, em que seus olhos, seus ouvidos e seus corações pareciam verdadeiramente abertos para me ouvir, foi quase Deus me dizendo: "Você precisa e merece continuar". Diante disso, não tinha como continuar sem dar a mão para eles, com a Julyana Rosa, a Claudia Pires e toda a família Literare para seguir na certeza de que, com eles, poderia realizar meu sonho de aguçar o despertar de muitas vidas por meio de meus livros. Amo vocês!

Não posso esquecer de agradecer a meu querido capista, Rubens Lima, que demonstrou toda a paciência do mundo ao interpretar o que eu desejava transmitir com o meu livro, encontrando um caminho tão perfeito para emoldurar minhas palavras.

Quanto a Roberto Tranjan, um dia comprei seu livro *Chamamentos*, que reacendeu minha paixão pela leitura e, consequentemente, pela escrita. Hoje, tenho a honra de me considerar sua amiga e colega escritora. Isso começou com um convite para um café, feito por mim em um gesto de admiração, o qual ele, generosamente, aceitou. Desde então, me ajudou a tornar este livro realidade e a melhorá-lo com suas críticas construtivas e sugestões gentis. Minha gratidão é imensa!

Mas calma, teve uma pessoa que apareceu nos quarenta e cinco minutos do segundo tempo e que me emocionou ao tocar nos meus textos e trazer ainda mais luz a eles a ponto de me emocionar. Sei que se você for tocado por minhas palavras, muito dessa responsabilidade é dela também. Então, minha linda revisora Ivani Rezende, queria lhe dizer o quanto já sou grata e que já tem um lugar em meu coração.

A gratidão, vivida de forma plena, se une ao amor e à felicidade numa sintonia tão perfeita que somente anjos celestiais poderiam criar uma melodia que representasse essa perfeição. Eu, como uma simples humana, tentei colocar em palavras o tamanho da minha gratidão, mesmo sabendo que seria impossível colocar em palavras o que só se consegue sentir em um bom e verdadeiro abraço. Então, esqueçam as palavras e sintam meu abraço, pois as palavras só fazem sentido se forem sentidas.

PREFÁCIO: DE IGUAL PARA IGUAL

O Projeto Nasa, na década de 1960, tinha como objetivo a conquista da Lua. O que foi feito, diretamente, dessa grandiosa meta? Lá está a Lua como e onde sempre esteve, igualzinha. Continua nos encantando nas noites em que está cheia, alternando-se, invariavelmente, em seus quatro ciclos. Mas se nada aconteceu com ela, não podemos dizer o mesmo quanto à Terra. A explosão tecnológica que se deu a partir daquele momento repercute até nossos dias, transformando em realidade o que antes era considerado ficção científica.

O que essa introdução tem a ver com *O sucesso de ser você*? Foi na busca de emagrecimento (a conquista da Lua) que Saschi se abriu para as múltiplas possibilidades que a vida oferece (a explosão tecnológica). Enquanto perdia 34 quilos de peso corporal ao longo dessa jornada, Saschi sabiamente os substituiu por quilos de conhecimentos, agora compartilhados com leitoras e leitores. Uma verdadeira explosão de lições, tanto para quem deseja emagrecer como para aqueles que pretendem melhorar algumas ou todas as áreas da vida e ter uma relação mais saudável a partir da descoberta das próprias potencialidades.

Interpreto a jornada de Saschi da seguinte maneira: parte de um dilema do *aqui* (a obesidade), busca aprendizados e conhecimentos no *acolá* (as causas para além de seus efeitos) e retorna novamente para o *aqui*, com outra envergadura. Trocando em miúdos, o corpo não se resolve por si mesmo, de maneira consistente. Para que se reconforte, antes é preciso resolver os dilemas que pairam na mente e na alma. Ou seja, o *aqui* não se resolve sem que se resolva no *acolá*.

Por isso, são segredos desvendados e compartilhados. As coisas da mente e da alma não são visíveis e tangíveis como as do corpo. Para acessá-las, é preciso um olhar consciente, o mesmo que a autora agora nos empresta.

Um grande mérito de Saschi como pessoa e autora é não ter nenhuma pretensão de se mostrar perfeita. Discorre com naturalidade sobre seus dramas de tal forma que é impossível não senti-los como se também fossem nossos. Portanto, nos identificamos com muitos deles.

É da natureza humana que Saschi colhe o material de trabalho para suas pesquisas e experiências, e dela não rejeita nada. Aproveita tanto os aspectos positivos quanto os negativos. Faz isso com abertura e empatia. Assim, ler "O *sucesso de ser você*" é como "sentar-se ao lado da autora na sala de estar, para uma agradável conversa despojada e franca de igual para igual".

Dos 7 segredos desvendados e compartilhados, atente-se para aquele que compõe subliminarmente o subtítulo da obra: a gratidão. Também nesse valor de extrema grandeza, a autora não se limitou ao *aqui*, buscando seu significado no *acolá*. Para muito além do agradecimento, a

Prefácio

gratidão possui efeitos terapêuticos em todas as esferas da vida. Mas, a respeito, deixo para a Miss Gratidão discorrer com a autoridade que possui sobre o tema.

Somos todos uma promessa de evolução. Por isso, Saschi não mede esforços – começa logo cedo, às três da manhã – para, a partir do seu melhor, contribuir para que mais pessoas encontrem também seu melhor, seja por meio de suas redes sociais, seus empreendimentos, também, agora, deste livro.

De minha parte, encerro com uma palavra o convite feito para abrir uma obra tão inspiradora: gratidão!

Roberto Tranjan
Educador e escritor. Autor dos livros *O velho e o menino* e *Chamamentos*. Fundador da Metanoia – Educação Transformadora e da Capital Relacional – Gestão e Aprendizagem. Preside o Instituto Economia ao Natural.

BOAS-VINDAS!

Seja bem-vindo ao caminho que o levará até sua versão de grande sucesso com destino ao melhor que o mundo pode lhe entregar e que está só esperando por você.

É um percurso sem volta para uma abertura de consciência, em que passará de sobrevivente ou vivente sem rumo para um ser totalmente consciente e senhor de seu destino. Você poderá segui-lo a partir deste momento, por meio do método criado por mim: "GRATIfulness", que traça um caminho para encontrar e fazer despertar sua melhor versão, atraindo para você sua melhor vida.

Foi com ele que saí do fundo do poço e alcancei a vida que sempre sonhei e o corpo que me permite viver esta vida da melhor forma, sem dores ou limitações. Emagrecer foi uma das conquistas mais perceptíveis para todos à minha volta, em um primeiro momento, mas, sem as outras, nunca seria um emagrecimento definitivo, e sim mais um momento do efeito sanfona, no qual me mantive presa por muitos anos.

Com este método, não apenas emagreci 34 kg, como também superei a falência e a depressão. Mas você acha que essas foram minhas maiores conquistas? Não. Minha maior vitória foi conseguir entender quem eu sou, aceitar minhas responsabilidades, melhorar meu olhar diante do mundo e dos acontecimentos, passar a me alimentar melhor por inteiro, considerando meu corpo mental, emocional e físico, aprimorar meu nível de merecimento para, assim, alcançar meus objetivos, descobrir e viver de meu propósito e passar a me respeitar mais e respeitar o outro. Tudo o que os 7 segredos me deram de presente e que recebi de braços abertos.

Sem tudo isso, nenhuma conquista seria sustentável. Sabe por quê? Porque a verdadeira felicidade não existiria dentro de mim, sempre estaria faltando algo a preencher, o que, provavelmente, me desviaria do caminho do meu sucesso, da minha melhor vida, ou me faria engordar e debilitar minha saúde, me afastando de meu melhor corpo.

Os 7 segredos da GRATIfulness trazem para a consciência tudo de melhor que nasceu para viver e que acabou perdendo no caminho. Faz você enxergar longe, o provocam a olhar para perto, ou melhor, para dentro. Fazem você entregar seu melhor ao mundo, permitindo uma colheita eternamente próspera.

Ao terminar a leitura deste livro, tenho certeza de que terá inspiração e todas as técnicas necessárias para traçar um caminho rumo às conquistas que desejar, seja emagrecer, prosperar, ter sucesso profissional ou no relacionamento amoroso. E fico feliz em ser parte disso. Se há uma coisa que aprendi ao longo da prática desses segredos, é que todos estamos

Boas-vindas!

conectados. Portanto, sua felicidade e crescimento também são meus, assim como os meus também são seus.

Seja a sua melhor versão, encontre o seu sucesso e o vivencie de forma consciente. Assim, o mundo retornará a você com o melhor que ele pode lhe entregar e que nem imagina ainda.

Boa leitura e boa transformação! A sua VIDA DE SUCESSO está só aguardando a sua melhor versão despertar.

SUMÁRIO

PARTE 1:
ONDE TUDO COMEÇOU

1. INTRODUÇÃO: MUDANÇA DE CHAVE..23
2. MAS O QUE É SUCESSO?...29
3. E GRATIDÃO? SERÁ QUE VOCÊ SABE O QUE É? 31
4. COMO CHEGUEI AOS 7 SEGREDOS DA GRATIFULNESS 36

PARTE 2:
ATIVANDO O PRIMEIRO SEGREDO

5. PRIMEIRO SEGREDO:
   ENTENDER E ACEITAR A AUTORRESPONSABILIDADE............41
6. O MEDO E SUAS DUAS FACES 46
7. MEU PRIMEIRO VOO DE BALÃO 52
8. O QUE TEM DO OUTRO LADO DA PONTE?..............................58

PARTE 3:
DESVENDANDO O SEGUNDO SEGREDO

9. SEGUNDO SEGREDO:
   BUSCAR O AUTOCONHECIMENTO...67
10. SOMOS SERES INACABADOS
    DE MÚLTIPLAS POSSIBILIDADES..73

11. ACEITAR SUAS VERDADES
    NÃO VALIDA SUA PREGUIÇA..79

12. AMIZADES: O SER HUMANO É UM SER RELACIONAL............82

13. RELACIONAMENTOS AMOROSOS...87

14. OUÇA SUAS VOZES INTERNAS..92

PARTE 4:
DESPERTANDO O TERCEIRO SEGREDO

15. TERCEIRO SEGREDO:
    PRATICAR O OLHAR DA GRATIDÃO...97

16. COMO PRATICAR A GRATIDÃO?...103

17. SEJA GRATO PELO QUE É,
    PELO QUE FOI E PELO QUE SERÁ..108

18. GRATIDÃO, UMA ROTINA DIÁRIA 111

19. ALEGRIA X FELICIDADE..115

PARTE 5:
INCORPORANDO O QUARTO SEGREDO

20. QUARTO SEGREDO:
    AMPLIAR E MANTER ELEVADO
    SEU MERECIMENTO.. 121

21. POR QUE ACEITAMOS POUCO,
    QUANDO NASCEMOS PARA MERECER MUITO?................... 125

22. O EFEITO SONECA DO DESPERTADOR....................................130

23. O MERECIMENTO E SUA VERSÃO DE SUCESSO.....................133

24. UM POUCO DO CAMINHO DE MEU MERECIMENTO
    NO PROCESSO DE MUDANÇA DA MINHA VIDA 136

25. QUEM MUITO QUER, NADA DESEJA 140

26. O PECADO DE SE TORNAR O QUE DESEJA 144

27. OS HÁBITOS E SUA VERSÃO DE SUCESSO 147

28. MEUS HÁBITOS E MEU MERECIMENTO..........................153

PARTE 6:
ABSORVENDO O QUINTO SEGREDO

29. QUINTO SEGREDO:
    ALIMENTAR BEM SEU CORPO CMA 161

30. CORPO CMA 163

31. ALIMENTAÇÃO DE CORPO:
    A ALIMENTAÇÃO DO NOSSO
    SISTEMA BIOLÓGICO 165

32. ALIMENTAÇÃO DE CORPO:
    COMO INGERIR ALIMENTOS E BEBIDAS
    PARA SEU MELHOR FUNCIONAMENTO 169

33. ATIVIDADES FÍSICAS:
    O PODER DE SE MOVIMENTAR 175

34. SOMOS SERES QUE PRECISAM
    DA NOITE E DO DIA... 178

35. HÁBITOS DE SUCESSO DA SASCHI 181

36. ALIMENTAÇÃO DA MENTE 189

37. COMO VOCÊ ALIMENTOU
    SUA MENTE ATÉ AQUI? 192

38. COMO REFORMATAR SUA MENTE?............................. 196

39. COMO FAZER SUA MENTE
    TRABALHAR PARA VOCÊ? 200

40. O PODER DA VISUALIZAÇÃO......................................205

41. A ROTINA ALIMENTAR DA MENTE 209

42. ALIMENTAÇÃO DE ALMA (EMOÇÕES) 213

43. SENTIMENTOS E EMOÇÕES 215

44. A ROTINA ALIMENTAR DA ALMA (DAS EMOÇÕES) 218

45. SOMOS UM CORPO ELETROMAGNÉTICO 222

46. SOMOS UM CORPO QUÂNTICO 225

PARTE 7:
VIVENDO O SEXTO SEGREDO

47. SEXTO SEGREDO:
DESCOBRIR E VIVER SEU PROPÓSITO 231

48. PROPÓSITO INDIVIDUAL, COLETIVO E UNIVERSAL 234

49. A IMPORTÂNCIA DE UM CAFEZINHO 237

50. COMO DESCOBRIR SE VOCÊ VIVE
DE SEU PROPÓSITO 240

51. E COMO O PROPÓSITO AJUDA NO
DESPERTAR DE SUA VERSÃO DE SUCESSO? 243

52. O QUE A RODA DA BICICLETA
TEM A VER COM PROPÓSITO? 246

PARTE 8:
ENTREGANDO O SÉTIMO SEGREDO

53. SÉTIMO SEGREDO:
PERPETUAR E FAZER VALER O RESPEITO
E O AUTORRESPEITO 251

54. OS CÍRCULOS DA GRATIFULNESS 254

55. TRAÇANDO SUA ESTRATÉGIA PARA
SE TORNAR SUA VERSÃO DE SUCESSO..................................258

56. COMO CHEGUEI ATÉ AQUI... 265

PARTE 9:
SEMPRE TEM UM POUCO MAIS

Apêndice 1: Exercício da Bola de Neve Reversa....................... 269

Apêndice 2: Exercício de autoconhecimento 273

Parte 1

Onde tudo começou

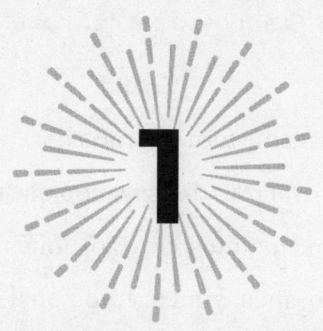

INTRODUÇÃO: MUDANÇA DE CHAVE

Era final de 2018. Morava na Tijuca, no Rio de Janeiro, com meu marido e meus filhos, e tinha acabado de passar por uma cirurgia para a retirada de um mioma de sete centímetros no útero. Porém, depois do procedimento, descobri que poderia ter estado grávida, mas que havia perdido o bebê por conta desse mesmo mioma e que, talvez, fosse necessário retirar o útero. Tudo isso, obviamente, mexeu muito com meu emocional. Mas, graças a Deus, descobri que não precisaria passar por uma histerectomia, pois a cirurgia havia sido um grande sucesso.

No entanto, não foi só isso. Aquele fim de ano foi muito turbulento. Também quebrei o pé e tive que ficar sem colocá-lo no chão por um bom tempo. Além disso, quase levei um tiro em uma perseguição policial no meio da rua, quando fiquei cara a cara com o bandido que chegou a atirar, mas, felizmente, errou.

Para fechar o ano, minha empresa quebrou, justamente quando consegui entregar a minha primeira venda para uma grande rede de mercados, que lutei por um ano para me tornar fornecedora. Tive que fechar as portas com uma dívida de 150 mil reais, imaginando que nunca conseguiria pagar.

Com tantos acontecimentos em tão pouco tempo, entrei em depressão, deixando não apenas meu emocional abalado, mas também o corpo, que refletia a não aceitação dos fatos e, consequentemente, se tornava cada vez mais doente e obeso. Além disso, ainda tive que enfrentar um "tapa na cara", em forma de palavras ofensivas, de uma pessoa que sequer me conhecia.

Um dia, fui ao shopping com o pé quebrado, usando cadeira de rodas e muletas (tive que usar cadeira de rodas, pois, como estava muito pesada, não aguentava meu peso andando, mesmo que poucos metros, só de muleta. Cansava-me rapidamente). Eu e meu marido chamamos um motorista de aplicativo para chegar até lá e, quando chegamos ao local, um taxista furou nossa fila e parou sem nenhum respeito. Como não consigo ver qualquer tipo de injustiça calada, levantei do carro e fui até ele de muletas enquanto meu marido montava a cadeira de rodas. Com a maior calma, perguntei se ele não tinha visto que estávamos na fila. O taxista, então, me agrediu verbalmente e, depois, soltou a pérola: "É claro que está reclamando. Olha lá, também, toda gorda".

Nesse momento, meu marido saiu correndo atrás dele, que, é claro, acelerou o carro, o que agradeço muito, pois nem sei o que poderia ter acontecido. Porém, sou grata mesmo é pelo tanto que aquelas palavras me tiraram da zona de conforto em que eu estava e como despertaram uma vontade enorme de existir novamente. Ali, eu começava a viver, e não mais sobreviver.

Parte 1: Onde tudo começou

Até esse dia, eu não tinha me dado conta do quanto estava doente de corpo, mente e alma. Estar bem acima do meu peso ideal era só uma consequência de tudo isso. Não me enxergava como estava, pois culpar o externo era mais forte e fácil que olhar para mim mesma no espelho.

Quando olho as fotos daquela época, não me reconheço. E sabe por quê? Aquela pessoa não era realmente eu. Ela era o reflexo da minha não existência. Eu estava somente sobrevivendo, em vez de viver o que de melhor poderia dar ao mundo. Quanto mais a gente se perde de si, mais cria vazios internos e aprende de forma errada que a comida pode ser algo que preenche isso, o que nunca acontece de fato. Esse pensamento só cria vazio e dor, até o momento em que a gordura cria uma capa tão grande, que fica difícil se achar dentro dela.

Sei que é difícil ler isso se está nesse momento, mas acordar para essas verdades me ajudou a viver melhor. E eu não poderia esconder isso de você. Mesmo que possa ser criticada por algumas pessoas, não importa. Eu aprendi que meu propósito é maior do que as pessoas pensam sobre mim.

Mas é importante dizer que não só a comida acaba servindo como tentativa de preenchimento de vazios. Outros inúmeros vícios também acabam "cumprindo esse papel", como o consumo excessivo, a bebida, o sexo, as drogas e os comportamentos violentos de forma física ou verbal (inclusive, manifestações de todo tipo de preconceito, que representam comportamentos violentos, pois não aceitar o outro é uma forma de demonstrar a própria não aceitação).

Quando 2019 chegou, me mudei para Vinhedo, um paraíso na Terra no meio da natureza, que sempre amei. Ali e naquele momento, percebi que estava na hora de transformar tudo de verdade. Estava cansada de ser "coitadinha" e precisava fazer algo em relação a isso.

Comecei, então, a ler muito. Temas como o poder da mente, física quântica, inteligência emocional, gratidão, sucesso, prosperidade, viver o agora, merecimento, funcionamento do corpo humano, crenças limitantes e muitos outros passaram a fazer parte do meu dia a dia. Nem sei quantos livros li e vídeos sobre o assunto assisti no YouTube. Além disso, é claro, participei de cursos e *workshops*. No final deste livro, colocarei algumas dicas de leituras para que você possa ampliar cada vez mais seus conhecimentos, se assim desejar.

Para iniciar a transformação, comecei a colocar em prática tudo que poderia fortalecer minha mente e acalmar meu coração. Afinal, se aprendi algo, após anos de instabilidade no trabalho, idas e vindas de processos depressivos e dietas jogadas fora, é que, sem mente (pensamentos) e alma (emoções) saudáveis e em harmonia, nunca alcançaria a minha versão de sucesso. Portanto, com a cabeça mais no lugar e as emoções sob um controle razoável, comecei a aplicar tudo que aprendia sobre o funcionamento do corpo humano, eletromagnetismo, física quântica, neurociência e psicologia.

A partir desse momento, compreendi que já estava na hora de rejeitar um destino fatalista e assumir o papel de criadora e não mais criatura da minha história. Descobri o real sentido da palavra *autorresponsabilidade*. Sem ela, não conseguimos criar, nem dar o primeiro passo. Se o que acontece de "ruim" com a gente não é nossa responsabilidade, como as coisas boas serão? No entanto, é importante ressaltar: estou falando de autorresponsabilidade, não de culpa. Se responsabilizar por si mesmo faz crescer, amadurecer, tira você da posição de criatura para ser dono do próprio destino, já a culpa paralisa, alimenta o medo e cria vazios que engordam, inflamam e adoecem seu corpo, sua mente e sua alma.

Assumindo a autorresponsabilidade, coloquei em prática meus novos e antigos conhecimentos, misturados à minha essência. Dei o primeiro passo para dentro de mim e, aos poucos, fui em busca da minha versão de sucesso. A primeira conquista que chama a atenção de todos é a perda de 34 kg. Porém, eu só consegui alcançar este resultado por ter conquistado o domínio sobre minha tríade corporal (física, mental e emocional). Esse domínio trouxe não apenas um corpo mais saudável, mas também a vida que sempre sonhei.

Hoje, retornei à indústria de alimentos e ministro palestras e cursos sobre GRATIfulness para empresas e grupos de pessoas em busca de sua melhor versão e de uma vida potencializada. Escrevo também sobre o assunto e crio receitas funcionais e *low-carb* para compartilhar com meus seguidores para ajudá-los a ter um corpo físico mais saudável e funcional, com as dicas para terem uma vida de sucesso. Tenho uma marca chamada GRATIVITA, na qual desenvolvo e produzo alimentos saudáveis e saborosos que ajudam as pessoas a se alimentarem melhor, para que isso reflita melhor na mente, nas emoções e no campo eletromagnético, atraindo, assim, a vida de sucesso que merecem. Todos nós merecemos viver uma vida de sucesso, basta estarmos dispostos a compartilhar nossa versão potencializada com o mundo.

Todos nós merecemos viver
uma vida de sucesso,
basta estarmos dispostos
a compartilhar nossa
versão potencializada
com o mundo.

MAS O QUE É SUCESSO?

O verdadeiro sucesso acontece quando sua melhor versão se encontra com sua melhor vida ao compartilhar com o mundo o que você tem de melhor, abrindo espaço para a felicidade bater à sua porta.

É viver de seu propósito e não de pagar contas. É ter uma vida de entrega e recebimento em alto nível. Mas, Saschi, e as pessoas que são ricas e infelizes? Isso acontece porque conseguiram dinheiro, mas não estão preenchidas e têm muitos vazios a preencher. Então, ter sucesso é ser completo também, é saber quem você é e como funciona. É usar essa informação em prol de ser uma pessoa melhor a cada dia, pois quanto mais você entrega ao mundo, mais recebe dele. Se não for assim, pode até conquistar fortunas, mas se sentirá infeliz.

Vale ainda acrescentar que ter sucesso é ser feliz, pleno, amar e se sentir amado, ter uma vida confortável e abundante, entendendo que, para cada pessoa, isso tudo se reflete de forma particular e que pessoas em níveis de riqueza financeira diferentes podem ser igualmente de sucesso. Portanto, não julgue nem os outros nem você mesmo.

Mas, afinal, qual é a relação entre sucesso e gratidão ou GRATIfulness? Sem esta prática, você pode até ter grandes conquistas, mas nunca será uma pessoa de sucesso, no contexto amplo da palavra. Sempre faltará algo, a sensação de insatisfação será constante, pois estará repleto de vazios. Ao entender cada segredo que vou compartilhar, você perceberá que tenho razão, mesmo que meu objetivo mesmo seja apenas ser feliz, ou melhor, GRATA.

E GRATIDÃO? SERÁ QUE VOCÊ SABE O QUE É?

A GRATIDÃO, diferentemente da propagação da palavra que acontece por aí, não é uma forma de agradecer. Enquanto agradecer é um ato social ou um estado de estar, a GRATIDÃO é um ato da alma, um estado de ser, com o qual você consegue perceber, de maneira consciente, tudo o que o levou àquele momento ou situação, seja confortável ou desconfortável, sentindo cada minuto como uma benção.

Vou usar como exemplo o ato de receber um presente: um arranjo de flores dado por uma aluna. Após receber o presente, é um ato social agradecer pelo carinho. No entanto, será que, ao agradecer, realmente me senti grata e, desta forma, seria correto usar a palavra "gratidão" como uma maneira de deixar clara a beleza que está envolvida naquele momento?

Para me sentir grata, teria que, conscientemente, perceber a maravilha de tudo o que foi envolvido para que aquele momento acontecesse, desde estar vivo, ter um corpo e um histórico de vida que me fez chegar àquela situação, ou seja, tudo que vivi para me tornar quem sou e ser merecedora do presente, além de tudo que foi envolvido para percebê-lo da forma como percebi.

Para ter vivido aquele momento, precisei ter um corpo com braços e mãos para segurar as flores, olhos para enxergar as formas e cores, nariz e olfato para sentir o aroma delas, ter vivido todos os desafios e contentamentos que vivi para ter me tornado quem sou, além de tudo o que aquela aluna precisou viver, ser e ter para estar naquele local e momento querendo me presentear. São tantas coisas que, só para colocar tudo o que influenciou aquele gesto de carinho da aluna comigo, teria que escrever um livro exclusivo sobre isso, mas acho que já me fiz entender. Porém, resumidamente, a verdadeira gratidão está em enxergar a beleza de toda a existência em até um simples gole de água.

Na GRATIfulness, vamos além. Você passa a ser grato o tempo todo e não só quando momentos agradáveis acontecem. No máximo, reforça para sua mente seu estado de ser grato toda vez que diz que é grato por algo. No final, você é grato o tempo todo, até por momentos desconfortáveis. Afinal, cada segundo é de gratidão.

Ao ler este trecho, você pode dizer que é impossível ser assim e que isso é uma grande viagem. Mas vou fazê-lo pensar em uma coisa: se oferecesse 10 milhões de dólares pelo resto de sua vida, você aceitaria? E se eu dissesse que a única coisa em troca para receber o dinheiro seria você não acordar mais, aceitaria mesmo assim?

Quanto vale a sua vida? Como você está olhando para o seu corpo que permite a sua vida acontecer? Como você está sendo grato pela chance de experienciar a grande criação? Desenvolver a gratidão é tão importante para nosso crescimento e evolução, é o sentimento de energia mais alto que o ser humano é capaz de vibrar. Vibra mais alto até mesmo do que o amor. Para você ter uma ideia, o amor vibra a 500 Hz, enquanto a GRATIDÃO a 900 Hz (1000 Hz é a consciência Maior). Quanto mais elevada for sua vibração, mais próximo ao mundo sutil você fica, menos conectado aos desejos e dores da matéria e mais ligado à beleza da existência e da conexão com o Todo. É um processo de grande importância para o bem-estar da criação até chegar à consciência de ser, ao mesmo tempo, parte e o próprio Todo.

Será que o convenci de como é importante integralizar a GRATIDÃO na sua vida, seja para prosperar, ter sucesso, ser feliz ou até mesmo emagrecer? Se sim, fico feliz em ter você comigo nesta jornada. Mas, antes, quero explicar um pouco mais como esse sentimento e, principalmente, como a GRATIfulness me ajudou e poderá ajudar você também.

A GRATIfulness é um método potente de desenvolvimento pessoal que mudou a minha vida sob vários aspectos, não apenas no corpo físico, como muitos enxergam, mas também na minha mente e alma (corpo emocional). Afinal, o nosso corpo físico é uma materialização do que pensamos e sentimos sobre nós e não só o reflexo do que comemos, como muito se ouve por aí. E é esse corpo que emite o campo magnético que atrai a nossa vida de sucesso. Sem um corpo físico, mental e emocional de sucesso, não conseguimos ter uma vida de sucesso.

Por 40 anos, sofri ao buscar minha melhor vida, ou seja, um corpo saudável, sucesso profissional, financeiro e familiar (amoroso). Só não sabia o quanto tudo isso estava conectado com a minha entrega e o caminho para dentro de mim mesma.

Aqui, você vai entender que é mais importante descobrir os porquês que nos levam a fazer o que fazemos, como escolher o que escolhemos, nos aproximar de quem nos aproximamos e até comer o que comemos, do que buscar um consultor financeiro, uma nutricionista ou um terapeuta de casais. Buscar essas pessoas só adianta mesmo quando você já sabe seus porquês; do contrário, serão como analgésicos, entorpecem a dor do problema, mas não curam a fonte, a não ser que eles o ajudem a olhar para a fonte.

Submergir, olhar a fundo o problema, entender como você funciona, seus porquês e crenças, fará ressignificá-los e possibilitar que não repita mais os modelos de ação e reação.

Escrevi este livro porque sei como era difícil evitar as ligações dos credores e não ter crédito no mercado, me achar uma fracassada, sofrer ao não encontrar roupa para me vestir e administrar as dores constantes do meu corpo. Sei como era ruim querer namorar e não ter a mesma disposição de antes e ainda ter vergonha do meu corpo, ou ver a cara de desaprovação das pessoas por conta do meu peso.

Só eu sabia como era difícil não brincar direito com meus filhos ou não dar a eles algo que queriam que eu comprasse, mas não tinha dinheiro. Nunca vou esquecer que, por um tempo, comi pipoca para poder alimentá-los e não me envergonho disso.

Só quem vive situações, sentimentos e pensamentos semelhantes, entende a dor que a outra pessoa passa. Eu sei que têm dores maiores que as minhas. Mas quem está medindo? Dor é dor, tem que ser respeitada e curada. Por isso, estou aqui para dividir tudo que aprendi, pratiquei e ensinei para centenas de pessoas.

Parte 1: Onde tudo começou

Para começar a jornada, proponho que faça um pacto comigo e consigo mesmo. Opte por você todos os dias a partir de agora; só assim conseguirá fazer as melhores escolhas para seu corpo físico, mental e emocional. Ao fazer isso, será muito mais fácil conquistar uma vida de sucesso, como ter um corpo saudável, prosperidade, sucesso profissional, familiar ou qualquer coisa que deseja em sua vida.

COMO CHEGUEI AOS 7 SEGREDOS DA GRATIFULNESS

Quando comecei meu processo de mudança de chave para sair do papel de sobrevivente para uma pessoa consciente de minhas escolhas e com as rédeas da vida nas mãos, não existiam os 7 segredos. Eles se formaram ao longo do tempo, por meio de estudos constantes e de muitas trocas com seguidores e alunos queridos. Foram muitos desafios de emagrecimento, *workshops* de autoconhecimento e de gastronomia de alta performance, mentorias, *lives* e aulas dos mais variados temas. Além disso, tive o privilégio de interagir com pessoas incríveis, das mais variadas áreas, que tinham muito a agregar na minha incessante busca por conhecimento.

A vida sempre foi uma grande biblioteca, cheia de informações prontinhas para serem desvendadas. Bastava eu estar pronta para ler. E, nos últimos anos, eu estava. Cheguei a ler uma média de três livros a cada duas semanas, não apenas no sentido literal. Aprendi, também, a ler pessoas, situações, coisas ao meu redor. Afinal, tudo tem aprendizado, basta estar disposto a enxergar.

Parte 1: Onde tudo começou

Por isso, estava e continuo muito atenta ao conhecimento que está diante de meus olhos. Porém, não teria nenhum sentido guardar tudo isso. Afinal, quando alguém melhora, todos somos beneficiados.

A partir desse aprendizado que surgiu a ideia de escrever este livro e colocar em palavras, de forma organizada, tudo o que vi no mundo: nas pessoas, nos livros, nos vídeos, nos cursos, nas conversas e nas vivências. Tudo que me auxiliou a sair do fundo do poço e que continua fazendo minha vida ser cada vez melhor, além de ter me ajudado a eliminar 34 kg do meu corpo.

Os segredos que apresento neste livro são simples, mas precisam ser práticas constantes. Posso dizer que, se terminar a leitura com apenas um deles bem praticado, sua vida já será outra. Embora eu saiba que não consiga mais parar até conseguir estar com todos sendo parte de sua rotina. Quando somos o nosso melhor a cada dia, isso vicia de forma positiva.

E mais, ajudar os outros a encontrarem sua versão também é viciante. Por isso, de antemão, vou lhe dar uma dica de quem adora ajudar e ver o crescimento do próximo: quem ama, respeita e precisa esperar o tempo do outro. Por vezes, ajudamos mais com o exemplo do que tentando empurrar conhecimento goela abaixo, mesmo que seja pensando no bem da pessoa.

Agora, entenda uma coisa muito importante. Neste livro, vou falar sobre cada um dos segredos, mostrar o caminho, mas só você poderá traçar a rota e determinar o tempo que levará em sua caminhada. Porém, tenho certeza de que os louros da sua chegada serão desfrutados não só por você, mas por muitos, até porque, com este livro e os 7 segredos, não curtirá só a chegada, aprenderá a aproveitar cada passo da jornada.

Ser nossa melhor versão é um ato de amor conosco e com todos que nos importamos.

Parte 2

Ativando o primeiro segredo

PRIMEIRO SEGREDO: ENTENDER E ACEITAR A AUTORRESPONSABILIDADE

É aqui, na tomada de consciência sobre a responsabilidade de nossas escolhas, que a maioria das pessoas trava para mudar suas trajetórias, escolhendo o vitimismo e o fatalismo a assumir a direção de sua vida.

Sim, o primeiro passo é, realmente, o mais difícil. Afinal, aceitar que a vida que você tem é sua responsabilidade, principalmente quando não é o que sonhou um dia, é algo que exige coragem e uma vontade imensa de sair de onde está.

Já vi muita gente jurando de pés juntos que queria emagrecer, mas que não conseguia, que queria ganhar mais, mas não se sentia merecedora, que queria ser mais amada, mas não sabia respeitar. Quando eu perguntava o porquê, nunca era por causa delas, mas devido à economia do país, à pandemia, a não ter tempo por conta do trabalho estressante, por não ter dinheiro, por ter que cuidar dos filhos, do marido etc. Mas elas continuavam jurando que queriam mudar isso. Será mesmo?

Quando perguntava o motivo de estarem onde estavam na situação econômica, na carreira e na vida amorosa, as desculpas vinham. Então, retomo a indagação: será que estão assim por esses motivos mesmo? E a responsabilidade de cada um nisso tudo?

Por isso, não pare de ler este livro. Não entre para as estatísticas. Vá até o final, mesmo que doa um pouco. Sem dor, dificilmente se consegue uma transformação. E quanto maior a transformação, maior a dor ou o desconforto. Lembre-se de que o diamante precisa ser submetido à enorme pressão e calor para virar uma pedra preciosa.

Sempre ouvi dizer que as mudanças só vêm pela dor. Mas o amor também já mudou muitas vidas, principalmente quando se descobre a beleza de se apaixonar por si mesmo. No meu caso, a minha mudança foi pela dor. Ver meu corpo penando por minhas escolhas estava doendo demais. Não poder mais brincar com meus filhos, não fazer mais longas caminhadas na natureza, não namorar meu marido da mesma forma que antes, ter dores físicas diariamente, além das dores emocionais, estava acabando comigo. A falta de dinheiro e o sentimento de fracasso pela falência também me incomodavam, mas ver meu corpo me impedindo de viver a minha vida, mesmo nas coisas mais simples, foi o gatilho para minha mudança. E só me afundava cada vez mais. Então, decidi verdadeiramente mudar. Se foi fácil tomar essa decisão? Não, não foi mesmo.

Esses momentos criaram crenças limitantes que me afastaram de meu merecimento e da mulher que um dia sonhei ser e que o mundo merecia ter. E acreditar que tudo o que passei, e que doeu muito, era minha responsabilidade, parecia impossível ou pelo menos doloroso demais. Como

Parte 2: Ativando o primeiro segredo

assim era minha responsabilidade ter sido molestada por tanto tempo quando criança? Como assim a responsabilidade de ter falido recaía apenas sobre mim? Como assim ter tido quatro casamentos dissolvidos foi só por minha responsabilidade, quando relacionamentos se fazem com duas ou mais pessoas (sem julgamentos de quem opte por relacionamentos plurais, mesmo não tendo sido meu caso)? Como assim, aos 18 anos, ter sido atacada pelo meu chefe foi minha responsabilidade? Como assim, ter ficado dois meses internada, segurando minha filha no útero, foi minha responsabilidade? Como assim ter ficado meses comendo pipoca para dar comida decente para meus filhos foi uma escolha minha e não uma imposição da vida? Sério? Como aceitar tudo isso e tantas outras coisas?

Você reparou como fui lá atrás na minha memória, quando ainda era criança? Muita gente acha que o que a fez falir, engordar ou entrar em uma relação abusiva foram os últimos meses, os últimos anos, o último acontecimento, mas nunca é. Tudo isso é a consequência de muitas coisas, muitos acontecimentos, marcas, vazios e momentos que aconteceram ao longo da nossa vida e até que trouxemos da nossa ancestralidade por meio da genética e bioenergética e que nos fizeram ser o que somos hoje. Engordar, falir e ter péssimas escolhas para parceiros ou parceiras não é uma doença, ou preguiça, ou falta de autoestima como muitos falam, mas a prova de que algo em você está doente e/ou em desequilíbrio, ou até marcado energeticamente em você e assumir isso faz parte da autorresponsabilidade.

É importante entender que se tornar responsável por nosso passado não é o mesmo que carregar o peso de uma culpa. Mesmo porque, muitas vezes, precisamos assumir responsabilidades sobre situações em que não tivemos alternativas ou nas quais, de fato, fomos vítimas. Porém, fomos responsáveis de alguma forma ou atraímos para nossa vida de alguma maneira, mesmo não fazendo nada intencional para que isso aconteça. E o mais importante: somos responsáveis pelo que fazemos com o que nos aconteceu.

A culpa é uma dor que envenena o coração e a mente, causando um sentimento destrutivo, que prejudica e nos impede de tomar as rédeas de nossa vida, revivendo vergonhas, dores e sofrimentos que ficaram para trás. E essa carga emocional pode trazer crenças limitantes reais para novos passos que queremos dar.

Já a responsabilidade é o ato de assumir as causas, as consequências e os efeitos sobre as situações que já aconteceram e aprender a lidar com a gestão da própria vida, mas sem reviver o processo de pena, culpa ou de vítima da própria história. Entender que você chegou nesse momento por sua responsabilidade é a única forma de lhe dar a chave da porta do salão das infinitas possibilidades. Você só consegue sair do papel de criatura e figurante da própria vida quando assume o de cocriador. E com isso também vêm as responsabilidades.

Assumir a responsabilidade por onde você está hoje o coloca no banco do motorista do carro que o levará para onde quiser.

6

O MEDO E SUAS DUAS FACES

O medo pode ser um grande inimigo da autorresponsabilidade, também do autoconhecimento – sobre este segundo, falaremos melhor adiante. Por conta dele, muita gente não dá o primeiro passo para a mudança, tanto porque não consegue assumir a responsabilidade pelos próprios erros, com medo da reação dos outros, quanto por causa de como as outras pessoas passarão a vê-lo a partir de então.

Porém, se você soubesse a magia que existe ao enfrentar seus temores com responsabilidade, passaria a tentar fazer isso com mais frequência. Além de tudo, existe certa beleza no medo, pois é ele que o ajuda a se manter vivo, evitando riscos maiores ao seu corpo.

Enfrentar o que o amedronta manda uma mensagem importante para seu cérebro e para o Universo. Faz com que seu nível de merecimento se eleve e atraia, consequentemente, mais possibilidades para que consiga alcançar seus desejos e a vida de sucesso. Coloca você mais perto de ser criador e não criatura.

Parte 2: Ativando o primeiro segredo

Corajosa não é a pessoa sem medos, mas aquela que os enfrenta. Pode ser que você conheça alguém com menos temores, no entanto não é isso que torna essa pessoa mais corajosa. O que faz a diferença é a forma como ela enfrenta os receios. Eu mesma ainda enfrento alguns medos, embora tivesse mais antes de mudar minha vida de corpo, mente e alma e embarcar no processo de constante melhoria. No entanto, sim, ainda tenho desafios que procuro enfrentar de tempos em tempos, para mostrar ao meu cérebro e ao Universo quem está no controle, o quanto sou merecedora de trilhar meu caminho, sem precisar seguir os passos determinados por outra pessoa, ou ficar sem direção no "rio" que alguém um dia me disse ser certo ou tentou traçar para mim.

Um dos meus medos é a altura. Porém, sempre que posso, eu o enfrento de forma que me sinta segura, é claro, já que a minha vida é incrível demais para abandoná-la só para provar para mim mesma ou para alguém que não tenho medo. Afinal, o que a gente quer é ser cada vez mais corajoso com autorresponsabilidade, sem precisar se tornar suicida, é claro.

E quando se trata de qualquer mudança, seja um novo emprego que o deixe mais feliz, emagrecer ou buscar uma nova relação, muita gente tem pavor das mais diversas crenças que as limitam até de tentar. Medo de não conseguir e ser julgado por isso, preocupação sobre como o mundo reagirá à mudança, medo de não ter mais a atenção de alguém, ou até de ser rejeitado pelos outros familiares e amigos que estavam acostumados com o antigo você. São tantos temores que já vi na minha busca por apoiar as pessoas, que nem acreditaria. Mas o mais importante é fazer a si mesmo a seguinte pergunta: qual é seu medo e/ou qual é o medo que o levou a estar onde está e a não estar satisfeito?

No meu caso, considerando minha briga com a balança, minha batalha com ganho e perda de peso começou pelo temor de ser mais abusada sexualmente. Não queria mais me ver como um objeto na mão de alguém e isso brigava com a minha vontade de viver o meu melhor. Então, toda vez que minha autoestima baixava por causa dos abusos, o medo assumia e engordava novamente.

Outra preocupação que me dominava, antes de alcançar a minha mudança crucial, era o de não conseguir mais emagrecer na vida, pois estava cada vez mais difícil e já tinha tentado muitas dietas sem sucesso. Eu dizia e já aceitava que nunca mais vestiria um número 38 – quando comecei minha mudança, estava vestindo 48 e, hoje, conquistei aquele manequim que parecia impossível. No começo, sinceramente, esse nem era meu objetivo, pois realmente não achava que conseguiria. Porém, com o passar do tempo e o fortalecimento de mente e alma, me alimentando cada vez melhor e me respeitando mais e mais, isso se tornou uma meta atingível. Eu consegui!

Eu também tinha a crença de que ricos não prestavam. Isso gerou um medo de me tornar uma dessas pessoas ricas e vazias, me afastando de alcançar a abundância financeira que tanto queria. Meu desejo era somente da boca para fora; não tinha coerência com meu sentimento da boca para dentro. Sempre que começava a ter sucesso em algo, me boicotava e acabava deixando vários negócios bons de lado, até ir à falência.

Parte 2: Ativando o primeiro segredo

Portanto, entender o que nos amedronta, aceitar e enfrentar, nos fortalece. Fingir que não temos esse sentimento, evitar olhar ou ignorar a existência dele não nos torna mais corajosos, mas, sim, o contrário. Então, olhe para dentro, para trás e veja onde esse medo está, onde se manifestou e as consequências que trouxe para sua vida.

Lembra que eu disse que tenho medo de altura? Sim, tenho, mas desde muito cedo, soube usar esse medo como uma forma de me fortalecer. Para isso, toda vez que me sinto enfraquecida ou com minha autoestima balançada – hoje bem menos que antes –, procuro fazer algo que me desafie para relembrar à minha mente o quanto sou forte e corajosa e que mereço tudo que desejo. Esta é uma técnica que uso e que me ajuda muito. Nesse caso, busco fazer arvorismo ou tirolesa para enfrentar meus receios e sempre saio me sentindo muito melhor e mais forte.

Porém, atitudes radicais assim não funcionam com todo mundo e existem outras milhares de formas de encarar medos, assim como existem várias causas diferentes a serem enfrentadas.

Outra preocupação que tenho é a de passar por problemas financeiros. Mas este enfrento de outra forma, doando dinheiro para quem precisa. Você deve estar se perguntando: "Como assim doar quando não se tem nem para si?". Há algum tempo, passei por momentos difíceis em que tinha bem pouco para viver e sustentar meus filhos. Com isso, comecei a ter medo de faltar dinheiro para algo que minha família precisasse ou para alcançar novos objetivos. Então, comecei a usar a estratégia de doação como prática da gratidão e merecimento. Confesso que foi muito difícil no início, mas o tempo me mostrou que, além de fazer o bem, posso ter controle da minha vida financeira sem medo.

Você já parou para olhar em volta? Existe sempre alguém em pior situação que a gente. E estender a mão para essas pessoas é uma forma de elevar seu merecimento e ativar a prosperidade na vida. Pegue uma pequena quantia, nem que sejam dois reais, e doe para alguém que precise; divida sua quentinha um dia com um morador de rua; ou simplesmente não ignore o pedido de uma pessoa, olhando nos olhos dela, e diga que, naquele momento, você não teria como ajudá-la, mas que deseja que seu dia seja abençoado. Atitudes assim farão toda a diferença para aprender a lidar de forma diferente, tanto com seu medo de ficar sem dinheiro quanto para ampliar seu merecimento e sua gratidão.

Um medo também bastante comum entre as pessoas é o de envelhecer. Nesse caso, quando alguém me conta isso, faço uma provocação: por que não dedicar um tempo a um lar onde vivem idosos que são, muitas vezes, esquecidos pelos próprios familiares, ou ajudar no baile da terceira idade do seu bairro, onde é possível perceber que você pode ser feliz em qualquer fase da vida? Ir ao encontro do que mais teme o fortalece, seja o medo de altura, de envelhecer, empobrecer ou qualquer outro. Portanto, avalie seus medos e veja como consegue enfrentá-los e ainda ajudar o mundo a ser melhor.

Olhar o medo, entender o porquê de ele estar ali, é o primeiro passo para lidar com ele.

Quem se esconde
na máscara do corajoso
se enterra na imensidão
de seus vazios.

7

MEU PRIMEIRO VOO DE BALÃO

O título deste capítulo o deixou curioso? Imagino que sim, principalmente depois que contei sobre meu medo de altura. Mas, como eu disse, não deixo que meus medos me separem de meus sonhos, pois só devem existir para preservar nossa vida e não para nos paralisar e nos limitar. Então, avalie seu sonho e veja que medos podem ser os responsáveis por afastá-lo de seus objetivos e como deve agir para superá-los.

O meu medo de altura parecia me distanciar de um dos meus grandes sonhos, que era voar de balão, mas superei e pude ter uma das experiências mais incríveis que já vivi até hoje. A seguir, vou lhe contar um pouco sobre como esse momento fez parte da minha constante busca para ser minha melhor versão.

O dia do voo chegou e eu acordei às 4h47, antes mesmo que o despertador tocasse às 5h, o que já acontece com frequência no meu dia a dia – quase sempre acordo antes do programado e, normalmente, por volta dessa hora mesmo quando estou de férias ou no

Parte 2: Ativando o primeiro segredo

fim de semana. Durante a semana, acordo às 3h, mas conto sobre o porquê disso adiante.

Na hora que acordei, fui inundada por uma emoção que era uma mistura de felicidade e medo. Tive vontade de chorar várias vezes, mas não chorei, até porque nem sabia direito porque estava tão emocionada, se era por algo que me movia para frente ou para trás. Então, não queria me entregar ao sentimento sem ter certeza de onde me levaria.

Entrar em um balão já é um balé incrível. E só de observar aquele processo já me senti imensamente grata e abençoada. Naquele momento, mesmo que não conseguisse fazer o voo efetivamente, já estaria feliz somente por estar ali. Porém, realizar o voo não estava ligado apenas a contemplar a beleza da preparação. Era realizar um sonho em que estaria enfrentando meu medo de altura, também provando que havia conseguido prosperar na vida. Afinal, passeios de balão não são baratos e pagar por aquilo tudo era viver o fruto do merecimento que tanto busquei e que hoje vibra ao meu redor.

O passeio de balão começou, mas confesso que, a cada metro que nos distanciávamos do solo, meu coração apertava um pouco. Por outro lado, além daquela paisagem tão linda, incríveis sensações de liberdade e de gratidão dominaram os receios que tinha e passei a curtir o passeio com todas as células do meu corpo. Cada detalhe daquela experiência aumentava a minha sensação de gratidão, como a brisa que tocava com carinho o meu rosto e a certeza de que tinha um corpo e um cérebro que me permitiam sentir e registrar tudo aquilo.

As paisagens maravilhosas me faziam sentir grata e feliz por ter a visão para apreciar o momento e por ter minha família linda curtindo comigo, mesmo que não estivesse completa – faltava Biel, meu primogênito. Era tanta coisa boa para me sentir grata durante aquela hora de voo, que o medo foi um detalhe esquecido.

Agora, imagine se eu tivesse desistido desse passeio mágico por conta do medo? Quanto teria perdido? Quantos sentimentos e aprendizados teria deixado de lado? Quantas memórias teria privado a minha mente de guardar? E assim como acontece com o medo de altura, o medo de emagrecer, enriquecer ou envelhecer nos priva de conquistas incríveis.

Por isso, contar sobre esse passeio de balão tem tudo a ver com o passo que você precisa dar para descobrir sua melhor versão. Quando comecei nessa busca, não decidi só perder peso, encontrar um novo trabalho ou negócio. Resolvi mudar tudo o que me afastava da minha versão de sucesso. Quando cuidei disso, tudo a minha volta mudou para melhor; não apenas meu corpo físico, mental e emocional, mas toda a vida.

Sempre que tiver medo de alguma coisa, ou que enxergar que algum medo o priva de chegar aonde você quer, priorize na sua mente e no seu coração tudo o que conquistará se enfrentá-lo.

Além do medo de altura, eu tinha um medo que muitas mulheres têm, de serem vistas só como mulheres desejáveis e não como uma mulher inteligente e capaz. Afinal, tinha passado por abusos sexuais e fui, inclusive, agarrada por meu chefe no primeiro emprego de carteira assinada que tive, aos 18 anos. E mesmo conseguindo me defender nesse episódio, imagina como era uma questão marcante para mim?

Parte 2: Ativando o primeiro segredo

A questão é que, se não passasse por cima desses medos, não estaria aqui hoje escrevendo este livro. Pensar em tudo que deixaria para trás, ao não me permitir entrar no mercado de trabalho, e visualizar tudo que poderia ganhar, enfrentando o medo, foram as atitudes que me fizeram alcançar grandes conquistas. Portanto, não faria nada diferente.

Sabe o que é intrigante? É que, ao escrever este livro, tenho encontrado algumas respostas que ainda não tinha percebido. E uma delas veio ao escrever este parágrafo. Depois daquela situação no meu primeiro emprego, como vendedora em uma loja de roupas, fugi de trabalhar para alguém. Ser empreendedora não era só reflexo de meus dons, mas também de minhas fugas, já que não queria mais viver isso. Só que, na época, era muito nova e imatura para entender minhas escolhas depois daquele acontecimento.

Você já parou para pensar quantas escolhas por medo fez na sua vida? Somos fruto das nossas decisões e, entender quais delas fazemos por medo ou por propósito, nos faz chegar ainda mais perto dos porquês que nos trouxeram aqui e mesmo daquilo que não é de nosso total agrado.

Voltando ao balão, acho importante trazer um pouco da vivência das outras pessoas que estavam no passeio também. Afinal, não enfrentei meu medo sozinha. Meu marido levou o sentimento de uma forma que ninguém percebeu. Já a minha caçula, Ágatha, agiu de maneira mais dramática. A única que não sentiu nenhum incômodo foi minha filha do meio, a Dani, que nem ligou para a altura e ficou, como ela diz, "de boa" todo o tempo.

Mas e aí? Quem foi mais corajoso? Pense na resposta antes de ler o resto do texto. Se você entende que foi a Dani, está errado, afinal, ela não tem medo de altura. Então, não enfrentou nenhum desafio. Mas eu, meu marido e a Ágatha, sim. É claro que dizer quem foi o mais corajoso entre nós três fica difícil, pois o limite de medo é pessoal e não tem como a gente sentir como o outro sente. Entretanto, todos vivemos aquele momento como aprendizado, ainda que de forma diferente.

Eu só sei que amei a experiência e vou repetir outras vezes. Mesmo que o medo continue a me atingir em relação à altura, fiquei orgulhosa por mim e por todos que estavam ali enfrentando seus monstros, até mesmo pela Dani, que mostrou não ter medo de altura, e curtiu o momento ao máximo.

E você? Qual será sua próxima experiência de enfrentamento? Antes de responder, lembre-se de que ter uma recompensa no final ajuda, seja ela uma vista incrível, o corpo que sempre sonhou e que vai ajudá-lo a curtir a vida com mais saúde, mais dinheiro, mais aceitação sobre o fato de que a velhice vem para todos que vivem muito etc. Saber as maravilhas que esperam você do outro lado do medo ajudarão a fazer a travessia.

Não deixe que
seus medos o separem
de seus sonhos.

O QUE TEM DO OUTRO LADO DA PONTE?

Saber o que existe no final do processo ajuda a achar motivos para atravessar, mesmo que a ponte seja precária, bamba ou muito alta. A recompensa que o espera do outro lado dá forças para enfrentar o caminho. Então, é importante saber exatamente as maravilhas do sucesso que obterá.

Quando pensei em emagrecer, por exemplo, queria todos os louros que o emagrecimento me traria. Por isso, busquei anotar e dizer a mim mesma, todos os dias, cada vantagem que teria em estar mais magra e saudável. Afinal, ter um corpo admirável para uma pessoa que já sofreu abuso sexual não era motivo suficiente para enfrentar tudo que teria que passar para emagrecer. Importante ter em mente que nosso motivo tem que ser forte o suficiente para ajudar a passar pelas dificuldades e chegar ao objetivo final.

Como queria me esconder do mundo, quando comecei a sofrer o abuso! Como me sentia suja e culpada por permitir que fizessem aquilo comigo! Como dois sentimentos tão antagônicos, de vítima e "provocadora",

Parte 2: Ativando o primeiro segredo

me faziam querer sumir e ser menos percebida pelos homens, além de não me achar merecedora de conquistar tudo o que desejava da vida!

Engordar parecia uma solução para ambos os personagens que criei na minha mente e no meu coração. Quem sofre abuso sabe que, pior que lidar com os danos no corpo físico, é lidar com os prejuízos na mente e no coração. Isso não só me fez engordar, como me fez não acreditar nos homens, não acreditar em mim e, a longo prazo, me boicotar em todos os campos em que obtivesse sucesso, tanto no profissional quanto no familiar.

Ao entender o que precisava enfrentar, comecei a anotar cada pequena coisa que melhoraria na minha vida, mantendo o foco na recompensa, desde brincar melhor com meus filhos até namorar meu marido de forma mais gostosa. E a lista ficou grande. Por isso, indico que você faça a lista dos motivos que o levam a querer conquistar algo, a querer ser sua versão de sucesso e ter uma vida de sucesso.

O que terá do outro lado da sua ponte para o sucesso? Quando sentir que está deixando a peteca cair ao longo do processo, lembre-se de suas anotações. Vale destacar também que, só quando a recompensa é maior que o desafio, conseguimos enfrentá-lo e superá-lo. Sem isso, nem saímos do lugar.

Entre os pontos que levantei para o emagrecimento, estavam: ficar menos doente, sentir menos dores em algumas partes do corpo, sentar de pernas cruzadas, ter facilidade para encontrar roupas que ficassem bem em mim, me sentir bem ao me olhar no espelho, fazer trilhas, praticar exercícios sem me cansar rápido ou me lesionar, comer o que quisesse vez ou outra sem me fazer mal (já que estaria comendo certo na maior parte do tempo), tirar fotos sem ter que achar o melhor ângulo para parecer mais magra para os outros e para mim mesma, me abaixar e levantar com facilidade etc. Fiz a lista para o emagrecimento, para a empresária e a escritora de sucesso, para a casa dos meus sonhos e para tudo que conquistei na minha vida. E, ainda, continuo fazendo, para alcançar novas conquistas.

Para conseguir atravessar a minha ponte, precisei criar uma visão clara sobre estes e outros tópicos na minha mente, e senti-los no meu coração. Por isso, quero ensinar às pessoas o motivo para cruzarem a sua ponte do sucesso, caso ainda não tenham recompensa suficiente para valer o esforço. Não existem pessoas incompetentes para atravessar a ponte de um sonho, só existem pessoas com os estímulos errados.

Você já viu, em desenho animado, quando alguém coloca uma cenoura na frente do cavalo? O cavalo anda, pois já provou e gostou daquilo, mas se nunca tivesse experimentado aquele vegetal, ou se tivesse experimentado, porém não tivesse gostado, de que adiantaria colocar a cenoura na sua frente ou do outro lado da ponte? Importante ter experiências e conquistas que já tenha experimentado e gostado e/ou coisas que realmente queira e são importantes para você e não para seu pai, mãe, parceiro ou parceira.

Para apoiá-lo ainda mais a dar o primeiro passo e, finalmente, realizar esse percurso, digo que, do outro lado da ponte de qualquer conquista, tem milhões de outras coisas, antes da própria conquista. Lembra que falei que engordar, falir ou escolher relacionamentos abusivos é só a ponta do iceberg que fica para fora da água? Quando você cruzar a ponte para

Parte 2: Ativando o primeiro segredo

uma conquista específica utilizando os 7 segredos da GRATIfulness, sem usar um analgésico para mascarar as reais causas de ainda não ter cruzado essa ponte verdadeiramente, terá resolvido tudo ou boa parte do que perturba sua mente e seu coração e não só realizará seu desejo. Provavelmente, encontrará sua versão de sucesso, que resultará não só em um desejo realizado, mas em todos.

Quando decidi cruzar a minha ponte, meu desejo maior, na época, era emagrecer. Eu não só emagreci, mas eliminei a dor do abuso. Excluí várias culpas que me corroíam, deixei para trás muitas crenças que só faziam com que me boicotasse. Então, do outro lado, não havia só meu corpo físico mais funcional, saudável e bonito, tinha a minha mente mais equilibrada e fortalecida, além da minha alma mais preenchida.

Por vezes, nosso gatilho pode ser um só, como estar acima do peso, estar falido ou enfrentar uma separação indesejada. No entanto, quando você decide atravessar a ponte usando a GRATIfulness, é impossível chegar ao outro lado sem se tornar uma versão aprimorada de si mesmo, e isso muda sua vida por completo.

E para você? Como seria sua vida com essas conquistas?

Descubra os motivos que o estimulam a atravessar a ponte e faça de tudo para se lembrar deles todos os dias. Assim, em vez de ter obstáculos que o paralisam constantemente, fazendo você olhar o tempo todo para trás, terá desafios o impulsionando para frente. Isso tornará sua jornada mais gostosa e até divertida. E, no final, além da conquista desejada no começo da caminhada, se sentirá melhor em relação a si mesmo e diante do mundo.

O sucesso de ser você!

Não importa qual a dor que o faz querer chegar ao outro lado da ponte. O que importa é que isso seja um gatilho para levá-lo até sua versão de sucesso. Para cada pessoa acontece de uma forma e não tem certo ou errado, o importante é enxergar algo do outro lado da ponte que o faça ir ao encontro de sua vida de sucesso, sem desistir no meio do caminho.

O que tem do outro lado da ponte é o que nos faz querer atravessar. Quanto melhor a recompensa, maior a chance de você concluir a travessia.

Parte 3

Desvendando o segundo segredo

9

SEGUNDO SEGREDO: BUSCAR O AUTOCONHECIMENTO

Antes de contar quem sou, vou falar como é importante você descrever a si próprio para começar a buscar seu propósito e alcançar qualquer coisa que deseja na vida – não é à toa que o autoconhecimento é o segundo passo desta jornada. Afinal, qualquer mudança de chave em nossas vidas demanda que saibamos onde estamos, para traçarmos uma rota rumo ao destino desejado.

Você já tentou chegar a um endereço sem dar primeiro o ponto de partida? Sem um ponto de partida definido, não há como alcançar o ponto de chegada, concorda? Se você fica parado no mesmo lugar, sem rumo e perdido, precisa descobrir onde está para que possa traçar a rota para aonde quer chegar e começar, enfim, sua jornada.

Uma das coisas que você vai aprender neste livro é a se conhecer profundamente, descrevendo-se com facilidade, nem que seja apenas para si mesmo. E se sentir que não tem habilidade com as palavras escritas ou faladas para expressar seu conhecimento para alguém, não importa, se tornará capaz de expressar em atitudes seu verdadeiro eu o tempo todo, a ponto de nunca ter que responder a ninguém sobre quem você é, pois todos terão total noção apenas por observar.

Olhar para dentro e não para o espelho, trará essas verdades. E, com o tempo, você verá que serão as mais importantes de sua vida, apesar de não ter dado importância até agora. Saber seus pontos positivos, seus pontos de atenção, o que o motiva, o que o entristece, seus dons, suas faltas, seus filtros, suas cicatrizes e seu propósito.

Então, para o motivar, começo me apresentando. Meu nome de nascimento é Sabrina e o de renascimento é Saschi. Poderia dizer que nasci em 6 de setembro de 1977, sou do signo de virgem, loira, de olhos verdes, tenho 1,73, corpo saudável, bonita, adoro roupas básicas e confortáveis, entre outras características. Mas isso é o que vejo ao me olhar no espelho, o que meu corpo é, e não o que sou, mesmo sendo infinitamente grata a este corpo que me permite expressar meu "eu" de verdade.

Sou uma pessoa que ama, com todas as forças, apoiar os outros a encontrarem seus caminhos e isso sempre foi minha marca importante. Também me motiva muito criar pratos saudáveis e funcionais, como chef, ou desenvolver produtos na GRATIVITA para que as pessoas cuidem melhor de seus corpos, tendo prazer ao mesmo tempo, o que também me conecta ao meu propósito. Para você entender melhor, mais do que criar receitas, o que me deixa realmente feliz são as mensagens seguidas de abraços e agradecimentos por ter apoiado em algo para mudar a vida de alguém, seja com receitas que estimulam as pessoas a seguirem em uma mudança alimentar, fazendo-as despertar para seus

Parte 3: Desvendando o segundo segredo

reais propósitos ou ampliando merecimentos, por fazê-las acordarem para alguma situação ou qualquer outro motivo que tenha feito a minha existência melhorar a existência do outro.

Também sou ainda uma pessoa sem muita paciência, mesmo que muitos acreditem o contrário. Por vezes, essa impaciência me deixa direta demais e até ríspida, e isso é o que mais trabalho para mudar. O que mais me deixa impaciente é a injustiça, o preconceito e a falta de amor próprio das pessoas (mas, neste último, trabalho muito meu respeito ao tempo do outro de se amar).

Sou uma pessoa criativa, versátil, adaptável, carinhosa, educada, grata, adoro cuidar do meu corpo comendo bem e me exercitando e sou apaixonada por adquirir conhecimento. Ah! E sou obcecada em ser melhor a cada dia. Se fosse uma super-heroína, meu super poder seria sugar informações e conteúdo dos livros, em segundos, ou acessar o conhecimento do Universo com a mesma agilidade.

Sou empreendedora e faço isso desde os 13 anos. Empreender é achar soluções para um grupo de pessoas. E como gosto de ajudar, vejo meu tino para criar negócios do bem totalmente conectado ao meu destino. Meu propósito está relacionado a apoiar as pessoas a lidarem melhor com elas mesmas e com o mundo, e isso inclui os 7 segredos da GRATIfulness deste livro e muita receita gostosa.

Hoje, sou a mistura de tudo e todos que passaram por minha vida. Estou, nesse momento, empresária da área de alimentos, chef de cozinha funcional e de alta performance, escritora, palestrante, esposa, mãe, filha, amiga, além de me dedicar a inúmeros papéis que preenchem meu dia com muita alegria. Mas o que me faz acordar todos os dias é meu propósito de apoiar pessoas a encontrarem sua versão de sucesso, sua vida dos sonhos para fazer do mundo um lugar melhor.

E sabe o que é mais incrível? Quando encontrei meu propósito, percebi que já era a Saschi em cada célula do meu corpo. Não estou dizendo com isso que precise mudar de nome ao encontrar o seu, mas, para mim, fez profundo sentido. Então, assumi esse nome desde que resolvi viver para apoiar pessoas a se encontrarem e, com isso, melhorarem suas vidas, e fico feliz ao ser reconhecida assim.

Saschi é a mistura do "Sa", de Sabrina, com o "Sch", de Schmidt, e coloquei a letra "i" no final para dar sonoridade. Saschi foi o nome que adotei para jogar on-line desde que conheci meu marido *nerd*. Depois que criei, percebi algumas particularidades que me fizeram trazê-lo para minha vida, como o fato de ser um nome que serve para menino e menina; uma palavra que você precisa sorrir para falar; e por sua soma dar 23, que é meu número de sorte.

Você percebeu que, três parágrafos atrás usei o verbo "estar", no presente, quando me referi ao que faço atualmente? Ser e estar podem aparentar significados semelhantes, mas o uso de um ou outro, no seu dia a dia, faz toda a diferença, assim como o entendimento sobre quem somos ao longo da vida e sobre as fases que estamos vivendo em cada momento.

E você? Sabe quem é? Sabe me dizer suas virtudes e seus pontos de atenção sem ter muito o que pensar? O que coloca facilmente um sorriso em seu rosto, o que faz chorar de tristeza, o que faz ter raiva? Você reconhece seus filtros, suas crenças limitantes, suas cicatrizes? Conhece seu

Parte 3: Desvendando o segundo segredo

propósito? Algo que fará acordar todos os dias da sua vida até o fim? Sabe reconhecer o que orgulha e o que repudia em você e gostaria de melhorar? E se tivesse de inventar um nome, qual seria? Por quê?

Entender tudo o que faz ser você é a base para a composição do cenário de sua vida e para que o protagonista consiga interpretá-lo com grande perfeição. Afinal, quem é o protagonista da sua vida? Seu corpo, ou seja, você.

Somos o conjunto de nossas escolhas, somadas aos nossos pensamentos, multiplicadas por nossos sentimentos e divididas por nossas carências.

SOMOS SERES INACABADOS DE MÚLTIPLAS POSSIBILIDADES

Dentre os livros lidos, vídeos assistidos, cursos e *workshops* que participei, muitos tinham como tema a física quântica, que nos ajuda a aprender como colocar em prática as múltiplas possibilidades de nossa existência.

Somos seres em constante evolução. Todos os dias nos tornamos diferentes do anterior. Mas, na maior parte das vezes, são mudanças imperceptíveis que, ao se juntarem com as dos dias, meses ou anos anteriores, acabam fazendo uma grande diferença em nossas vidas, a ponto de amigos que conviveram conosco no passado não terem mais conexão com a pessoa que somos hoje. Inclusive, se fosse possível nos conectarmos com "nosso Eu" de 20 anos atrás, provavelmente nem conseguiríamos ter prazer em nossa companhia.

Quanto mais vivemos, mais conhecemos pessoas e interagimos com elas, mais temos chance de aprender e, assim, crescer cada vez mais. Somos um carro que se constrói em movimento, que se atualiza a cada quilômetro rodado, sem precisar parar para trocar pneus. Cada escolha que fazemos traça uma nova rota, desde a hora que acordamos, se escovamos os dentes ou não, se acordamos e levantamos da cama, se vamos trabalhar ou passear, se vamos sorrir ou buscar motivos para chorar. Cada segundo da nossa vida é movido por decisões e cada uma delas nos leva a mais e mais possibilidades.

Estar consciente disso é uma das mais sábias escolhas para termos o controle de nossas vidas. A partir do momento que temos essa consciência, não deixamos a vida nos levar, criamos o nosso rio, que correrá na direção aonde queremos chegar. Por isso, analise suas escolhas diárias. Questione-se sobre o motivo que o faz optar por coisas simples e que, muitas vezes, já funcionam no modo automático. Mude sua rotina e fique atento às consequências dessas mudanças.

O motivo de nossas escolhas nos fez chegar até aqui. E se você não está totalmente satisfeito com sua vida ou seu corpo, foi porque não optou de forma consciente por várias decisões no passado. Isso é uma bola de neve em constante crescimento, para o bem ou para o mal. Afinal, se você toma decisões que criam vazios e cicatrizes, e elas o fazem optar por novas escolhas, que ampliam esses vazios ou geram outros, sucessivamente, fica cada vez mais difícil mudar o percurso dessa bola que só cresce e fica mais pesada. Onde ela vai dar, você já sabe. Mas, se colocar um novo olhar, um novo foco, um novo pensamento na sua vida, isso vai funcionar como se pusesse uma pedra no caminho da bola de neve antiga, fazendo-a se quebrar em vários pe-

Parte 3: Desvendando o segundo segredo

daços, gerando bolinhas de neves menores, prontas para se tornarem novas possibilidades na sua vida e levarem-no para um lugar melhor. Basta saber quais alimentará.

Ao direcionar as novas decisões, sejam elas para permanecer em um trabalho que vai contra o que acredita, estar em uma relação nociva ou tratar com descuido de seu corpo, avalie quais tomou antes e o fizeram chegar até aqui. Depois, questione por que decidiu por elas e assim por diante. Enfim, avalie como se formou sua bola de neve que o trouxe até esse momento. Somente dessa forma, você conseguirá chegar à fonte que o limita. Apenas solucionando esse problema, cumprirá seus objetivos definitivamente.

Como falamos anteriormente, somos o conjunto de nossas escolhas, que podem criar uma bola de neve positiva ou negativa. Isso vai depender muito de sua consciência e de parar de deixar "a vida te levar", para criar a própria estrada.

Mas como se tornar consciente? Minha dica é fazer o Exercício de Bola de Neve Reversa, no apêndice com outros exercícios. Assim, fará as pazes com sua vida e suas escolhas. Importante entender seus porquês para mudar as consequências das decisões que vieram por conta deles.

Faça também o exercício de autoconhecimento. Se conhecer é o único jeito de começar a traçar uma rota para qualquer lugar que gostaria de estar, desde o emagrecimento até a casa própria ou o emprego dos sonhos.

A vida é uma consequência de todas as nossas escolhas, sejam elas grandes ou mínimas. Entender nossa essência e as razões que tivemos

A consciência
nos traz possibilidades
e a autorresponsabilidade
nos dá o poder de escolha.

Parte 3: Desvendando o segundo segredo

para pegar o caminho da esquerda ou da direita, ou compreender o que nos fez negar quaisquer caminhos e paralisar é o que determina quem somos e quem nos tornaremos.

A autoanálise é
um bom começo para
levar você a algum lugar
diferente de onde está.

11

ACEITAR SUAS VERDADES NÃO VALIDA SUA PREGUIÇA

É preciso se conhecer para assumir o poder de criação de sua vida. E se aceitar, sem qualquer máscara. Afinal, você é um ser imperfeito, que tem vazios, pontos de atenção e cicatrizes, assim como qualidades e dons.

Você achou que não tenho vazios? Ainda tenho. Mesmo que tenha iluminado e preenchido muitos e diminuído outros, ainda existem. Mas trabalhar a GRATIfulness diariamente facilita a melhora a cada dia.

Os pontos de atenção, como a impaciência, no meu caso, estão sempre na minha mira, entendendo cada momento que me faz ficar impaciente, por exemplo. E as cicatrizes, essas não vão nunca embora, mas podem ficar ali só como lembranças do aprendizado do que as fez estarem lá – às vezes, a gente acha que já resolveu nossas dores, que já olhamos fundo o suficiente, mas não fomos tão fundo assim.

Para você ter uma ideia, jamais gostei de cachorro-quente, mesmo sem nunca ter provado um. O cheiro me enjoava. Mas um dia, em uma terapia, consegui entender por que eu odiava a comida: era o lanche que sempre tinha na casa onde eu era abusada na minha infância. Quando a lembrança veio, recordei até da panela, do fogão, do azulejo da cozinha. Incrível como nosso cérebro esconde coisas de nós para nos proteger, mas omitir não ajuda em nada, do mesmo modo que também não há nada de positivo em fingir que aquilo que não está indo bem é legal.

É isso que acontece quando as pessoas começam a dizer que está tudo bem em se manter obeso (assim como ser abusada não é. E a criança que eu fui um dia estava convencida de que era). O problema é que, hoje, as pessoas estão confundindo muito a autoaceitação com a superlativação de suas incapacidades, principalmente quando se trata de obesidade. Estar obeso ou um pouco fora de forma não é sinônimo de orgulho – inclusive, segundo a Organização Mundial de Saúde (OMS), este é um dos maiores problemas de saúde pública no mundo e tende a piorar até 2025.

Por outro lado, se aceitar como está no momento é positivo, pois só se amando, encontrando gratidão nas pequenas coisas da vida e se sentindo merecedor de tudo que é maravilhoso, mesmo com a questão do sobrepeso a resolver, é que conseguirá dar um passo à frente para a mudança. Isso sim deve ser motivo de muito orgulho e será o que o fará decidir por sua melhor versão. Entender como é importante tratar com grande carinho e respeito o mais divino de todos os presentes: seu corpo.

Aceite suas verdades como são, sem desculpas, sem vitimismo, sem máscaras, pois só assim a autorresponsabilidade ganhará força e o fará dar o primeiro passo.

Amar a si mesmo é se
amar por inteiro, buscando
ser melhor a cada dia.
Quem nega seus pontos
de atenção não
está se amando,
está se enganando.

AMIZADES: O SER HUMANO É UM SER RELACIONAL

Uma coisa importante quando decidimos mudar, melhorar de vida, ser nossa melhor versão, é que o ser humano precisa de relações para crescer, pois é vendo no outro suas próprias qualidades e defeitos que consegue se aceitar, se entender e melhorar.

Ver no outro um ponto de atenção seu em evidência faz enxergar como pode ser ruim ser daquela forma, tanto para si quanto para as pessoas que convivem com você. Assim como perceber uma qualidade sua no outro faz sentir-se orgulhoso de quem está se tornando, e isso ajuda a aumentar a autoestima.

Com a ajuda do espelho, você consegue ver detalhes físicos de seu corpo, mas só com observação e convivência com outras pessoas é que pode enxergar suas próprias qualidades e pontos de atenção em ação. Estar próximo dos outros, no entanto, pode ser um desafio ou um impulso para seu crescimento, dependendo de como leva as relações adiante.

Parte 3: Desvendando o segundo segredo

Pessoas podem ser tóxicas e, mesmo que seja importante manter relações para nosso crescimento, algumas delas devem ser evitadas. Afinal, vivemos em um mundo com bilhões de indivíduos. Então, por que manter próximo da gente os que querem nos ver para baixo ou até os que nos fazem mal inconscientemente?

Quando falo sobre como alguns amigos, colegas de trabalho ou mesmo familiares podem ser tóxicos, não estou dizendo que sejam necessariamente ruins, pois normalmente nem têm noção do mal que estão fazendo. Essas pessoas agem, muitas vezes, por seus filtros, limites e crenças pessoais.

Por exemplo, quando alguém fala que você é incapaz, está nivelando pelos limites dela, e não pelos seus. Por isso, é importante que você seja o protagonista de sua história. Você já tem seus obstáculos. Então, imagine se tivesse que lidar com os limites e as frustrações do outro?

Por esse motivo, na hora que decidir mudar e melhorar de vez sua vida, encare suas verdades e responsabilidades e tenha cuidado com as pessoas que estão à sua volta, pois podem ser uma grande âncora na corrida para a superfície. Pessoas costumam se aproximar de outras que estão em momentos parecidos. Ou seja, quando a gente está mal, se aproxima de quem está mal, que está reclamando das mesmas coisas ou no mesmo nível de insatisfação. Assim como quando estamos bem, só atraímos pessoas que estão bem também. Duas coisas são propícias para este efeito acontecer: a necessidade da nossa mente de mostrar que estamos certos, trazendo pessoas com o mesmo pensamento para validar essas mesmas falsas impressões; e a questão física do magnetismo que aproxima pessoas que vibram de maneira parecida.

Portanto, quando estamos mal e decidimos mudar para melhor, as amizades que fizemos enquanto estávamos em uma energia não muito boa acabam tendendo a nos puxar para onde estávamos, pois aprenderam a gostar de você daquele jeito e sabem que se for para um ou mais níveis acima, não conseguirão se manter ao seu lado. Então, das duas uma: ou você começa a se afastar das pessoas que parecem jogar contra seu sucesso ou tenta trazê-las para seu time vencedor, mas sem desrespeitar a vontade e o tempo delas.

Segundo a teoria do escritor americano Jim Rohn, somos a média das cinco pessoas mais próximas. Eu concordo com isso de certa forma e, por essa mesma razão, sempre busco ficar próxima de pessoas que me inspiram e me afasto das que pouco me agregam.

Relações de amizade têm que ter mão dupla para que ambos saiam ganhando. E não estou falando de pessoas interesseiras, ok? Mas de relações entre pessoas que querem crescer juntas, que querem ver o melhor do outro e não usá-lo para crescer, colocando o outro para baixo.

Já percebeu como há pessoas que andam com outras menos cultas apenas para parecerem super inteligentes Ou outras que estão sempre com pessoas menos bonitas para parecerem mais belas? Essas pessoas não são melhores que as outras, têm baixa autoestima e são aproveitadoras, por isso deve mantê-las longe.

O padre Fábio de Melo diz que amigo que é amigo bate palmas para você, para suas vitórias, pois o ser humano, infelizmente, tende a invejar o sucesso do outro em vez de ficar feliz (mesmo quando se diz amigo). Por outro lado, como os indivíduos são, de forma geral, empáticos, ao encontrar

Parte 3: Desvendando o segundo segredo

alguém em uma situação ruim, mesmo que não goste da pessoa, é capaz de estender a mão. Parece louco, mas repare só na verdade desse fato.

Por vezes, é melhor ser sua melhor versão e não dizer nada a ninguém. Aos poucos, as pessoas vão reparar em suas mudanças, e não vão cobrar de você resultado ou esperar a hora de sua falha. Então, faça por você e mais ninguém.

Os verdadeiros amigos são aqueles que ficam felizes por suas vitórias. São os empáticos, os que estendem a mão. Se tiver sorte de ter um amigo empático, valorize-o e tente retornar da mesma forma.

13

RELACIONAMENTOS AMOROSOS

Antes de falar da importância das relações amorosas no processo de mudança de vida, vou dizer novamente que ninguém tem que mudar por outra pessoa. Nunca! Mudamos por nós e pelo mundo em geral como um ser pertencente de toda a criação e só. Se for para agradar caprichos de outra pessoa, está fora de questão.

Melhorar a nossa vida é um ato de amor-próprio e amor pelo todo, que deve unicamente ser assim. Caso contrário, qualquer ação nesse sentido pode gerar um vazio ainda maior em vez de preencher os "buracos" antigos ou diminuí-los.

Vejo, ainda hoje, muitas mulheres decidirem emagrecer para agradar os maridos, ou até mesmo colocar silicone com este fim. Ou homens que passam a usar um tipo de roupa para agradar a mulher ou o parceiro, ou uma das partes aceitar um trabalho que pague mais, porém que faça mal à pessoa, só para bancar os caprichos do outro. Isso tudo não é sustentável.

Outra coisa importante: ninguém faz ninguém feliz. A felicidade é inerente à existência de um ser amado. E só consegue amar verdadeiramente quem se ama, se aceita e se respeita. Quanto mais essas palavras forem parte de sua vida, mais refletirão em um relacionamento construtivo e não em uma simples relação de posse.

Quem ama, liberta; quem ama, deixa ir, para a outra pessoa ter motivos para sempre voltar. Quem aprisiona, só quer ter controle, não se ama e não sabe amar. Quem quer ter posse, tem vazios a preencher e, normalmente, não são parceiros ou parceiras saudáveis. Entender essa verdade, que para muitos é difícil, é meio caminho andado para ter um relacionamento de sucesso que faça os dois lados crescerem. E, para mim, só esse tipo de relação vale a pena.

Eu já estou no quinto casamento. E, até meu quarto marido, não me lembro de estar solteira por mais de um mês. Estive sempre namorando ou casada e foi aí que eu me perdi da minha essência, já que não sabia mais o que era meu e o que tinha "emprestado" deles. E foi por isso que decidi ficar um ano sozinha, sem nenhum tipo de relacionamento, para voltar para meu centro, para meu verdadeiro eu.

Foi um ano incrível e, depois que passou o prazo que tinha me dado, conheci algumas pessoas, até chegar ao Dani. Estamos há sete anos juntos até o momento em que escrevi este livro e tem sido anos de muito amor e aprendizado. Com ele, consegui ativar o turbo no meu crescimento, mesmo com um começo difícil e cheio de provações. E, hoje, sei que tem um pouco dele aqui em cada palavra que escrevo. Assim como sei que tem muito de mim em cada dia de trabalho ou de lazer dele. Somos muito melhores juntos e isso faz parte de um relacionamento produtivo. Não temos um casamento

Parte 3: Desvendando o segundo segredo

sem brigas, nem vivemos um comercial de margarina, mas temos um relacionamento em que ambos ficam felizes com a vitória do outro.

Eu tive muitos relacionamentos em que a outra pessoa não gostava de me ver crescer e houve momentos que eu via até certa competição interna acontecendo – e isso me fazia sair da relação. Vivi também relacionamentos abusivos, passei por situações que não desejo para ninguém, mas sou grata por cada um deles. Mesmo na dor, cresci em cada uma das minhas relações. Para você que ainda tem mágoa de algum "ex", lembre-se de que você é o que é por ter tido ele ou ela na sua vida e, enquanto tiver alguma emoção que o prenda nessa relação, estará mantendo sua vida em um *looping* do passado, logo conquistar sua versão de sucesso se tornará mais difícil.

Sou grata por todos os meus ex-namorados e maridos, principalmente, pelos dois maridos que me deram o prazer e a grande oportunidade de ser mãe, pois é um aprendizado que levarei por muitos e muitos anos, assim espero.

Estar em uma relação amorosa é uma grande oportunidade de crescimento, mas não é necessária para que você cresça e tome as rédeas de sua vida. Inclusive, quando estamos em um relacionamento tóxico, esse pode acabar sendo a âncora eterna para nunca alcançar voos maiores como merecemos. E para voarmos, precisamos nos sentir merecedores.

Se você está em uma relação tóxica ou abusiva, a primeira coisa que precisa entender é o motivo que o levou a se colocar nessa situação. Se lembra que somos responsáveis por nossas escolhas e pelo caminho que nossa vida leva? Então, mesmo que relacionamentos não sejam feitos por uma pessoa só, o que o faz escolher quem está ao seu lado, assim como continuar onde não se sente bem, está em suas mãos.

O sucesso de ser você!

Eu mesma, com o Dani, me questionei várias vezes, no passado, se ele me faria realmente bem ou mal. Mas, olhando para a Saschi de agora e aquela de sete anos atrás, não tenho dúvidas do bem que ele me faz e como o respeito mútuo no nosso relacionamento nos fez e faz crescer cada dia mais. Para você entender o que quero dizer, vou dar um exemplo. Dani não está no mesmo momento que eu e aprendi a respeitar isso. No início, foi mais difícil (na verdade, quase impossível), pois queria muito vê-lo com seus vazios mais preenchidos, mais saudável, mais magro e dando mais valor ao bem-estar. No entanto, uma das grandes formas de amor é respeitar o outro, mesmo que isso seja deixá-lo ir por um caminho que, de acordo com meus conhecimentos, poderia tirá-lo de mim mais cedo do que gostaria, por escolher uma vida menos saudável de corpo, mente e alma.

Mas quem tem o poder por nossa vida somos nós e quem tem a decisão sobre a vida do meu marido é ele mesmo. Eu tenho mais é que aproveitar ao máximo tudo de maravilhoso que ele tem para compartilhar comigo hoje, até porque, mesmo que não se cuide tanto assim (tem melhorado ao longo do tempo) e eu me cuide mais, pode acontecer alguma coisa que me leve antes. Tudo é possível, não é mesmo? Afinal, além da parte que conseguimos controlar em nossas vidas, existe sempre uma força maior que deve ser considerada.

Aproveitar cada momento ao lado das pessoas que amamos, aprendendo e crescendo com elas, é o que importa. Todo o resto é besteira. Evoluir a cada dia e ter nosso melhor para oferecer a quem amamos é uma das maiores formas de demonstrar amor. Porém, cada um está em um momento, respeitar isso é um grande aprendizado e um ato de amor.

Relacionamentos amorosos são uma forma de acionar o turbo no nosso processo de crescimento. Porém, é preciso ter um bom sistema de freio (autoconfiança e amor-próprio), se está pensando em utilizá-lo.

14

OUÇA SUAS VOZES INTERNAS

Quem me conhece sabe que sou uma grande fã da meditação e tenho certeza de que é a melhor forma de ouvir nossas vozes internas, entender o que está direcionando nossos atos, nossa entrega para o mundo, e a resposta do mundo para a gente. Tenho discussões contínuas com meus pensamentos, com essas pequenas vozes internas, que ainda são reflexo do meu antigo eu.

Um dos exemplos acontece quando vou tomar banho gelado e ouço uma voz que diz que seria bem mais gostoso um banho morno, ou quando estou no trânsito e alguém me fecha e vem uma voz dizendo que aquela pessoa é infeliz, entre outras situações. Nesse momento, reflito: "Nada disso". Sou grata por essa pessoa, pois, sem ela, eu não existiria. Escolho deixá-la com suas batalhas e não que as batalhas dela me desequilibrem e acabem com meu dia, pois fazendo isso sei que também, de certa forma, mesmo que de forma sutil, ajudarei a pessoa a estar mais feliz com sua vida. Quando melhoramos individualmente,

Parte 3: Desvendando o segundo segredo

melhoramos o mundo coletivamente. Acredite nisso e será mais feliz e terá uma vida mais feliz.

Então, são essas vozes que precisa escutar, tanto do antigo você, que ainda está vivo dentro de sua mente e registrada em seu corpo, quanto do novo você. E a meditação é a chave para isso, tanto que, em cursos e palestras, coloco uma meditação guiada para que as pessoas entrem em contato com essas vozes para ajudar a formatar a versão de sucesso que tanto desejam. A meditação é uma potente ferramenta para se conectar com o agora e direcionar melhor seu futuro sem que seja determinado pelo ambiente de forma desordenada e não vá ao encontro do que sonha para você.

Todos os dias pare para se escutar. Fique em silêncio e consciente. Você pode optar por uma música relaxante; de preferência, só com melodia. Sente-se com as pernas cruzadas ou em uma cadeira com as costas retas e respire de forma consciente. Em vez de calar as vozes dentro de você, ouça as vozes e entenda como sua vida está sendo direcionada, que pensamentos estão dominando suas escolhas e entenda o que é preciso mudar para que o resultado se transforme.

Anote tudo o que vier à sua mente ao terminar a meditação, a qual deve levar de cinco a 30 minutos, por pelo menos sete dias. Quando tiver entendido quem está mandando em sua vida, poderá mudar para a meditação de transformação visando à sua versão de sucesso. Em seguida, comece a fazer a meditação de construção da sua realidade de sucesso.

Atenção: não dá para ir direto para sua realidade de sucesso sem entender o que tem que mudar em si mesmo para alcançar a versão que vai gerar a situação. E não adianta buscar essa realidade, se ainda não se tornou a pessoa que vive **nessa nova versão.**

Mesmos pensamentos e mesmas atitudes geram os mesmos resultados. Não há mágica! Sem mudar como funciona, não existe mudança de resultado, você permanece igual e sua vida permanecerá a mesma.

No final do livro, você encontrará o direcionamento para que consiga fazer as meditações que facilitarão sua caminhada ao encontro de sua versão de sucesso e conquistá-la. Haverá também um QR Code para que acesse as meditações guiadas. Se quiser, encontrarei você em meus cursos, imersões, *workshops* ou palestras para que façamos isso juntos. Será um grande prazer!

Parte 4

Despertando o terceiro segredo

15

TERCEIRO SEGREDO: PRATICAR O OLHAR DA GRATIDÃO

Muitas pessoas acham que a gratidão é igual ao ato de ser agradecido por alguém ou por algo, mas é muito além disso. Quando entendemos o quão maravilhosa é nossa vida, ela se apresenta cada vez mais incrível. Nos tornamos ímãs gigantes de coisas boas, pois passamos a vibrar em uma energia positiva. A gratidão é o ato de se conectar à bênção que é a nossa existência, reverenciar a vida em toda sua magnitude, a cada micro detalhe dela, e até aqueles momentos que mais o fizeram sofrer.

Você já reparou que, por vezes, quando o dia começa quebrando uma xícara ou dando uma topada na cama, parece que tudo vai dando errado? Isso só acontece porque o que vivenciou foi entendido como ruim e isso fez se sentir parte dessa energia, atraindo mais do mesmo para seu dia. Somos seres eletromagnéticos, com pensamentos elétricos e emoções magnéticas, logo, se estamos nos sentindo de uma forma, atrairemos mais do mesmo. Por isso, mesmo que algo que o machuque ou que pareça ruim aconteça, sinta gratidão por estar vivo e quebre o ciclo de dor na raiz.

E se a batida na cama fosse absorvida como um ato de muita sorte? Provavelmente, seu dia se refletiria em uma sucessão de coisas boas. Então, que tal experimentar fazer isso na sua vida? Quando algo acontecer, pense de forma diferente e tente ver o que aconteceu de modo otimista, ponderando sobre como isso pode se refletir em sua vida. Por exemplo: pense em como você é grato por ter pés para o levarem a tantos lugares, enquanto muitas pessoas não têm esse privilégio. Em vez da topada, poderia estar paralisado em uma cama de hospital e dependendo 100% das pessoas para sobreviver, sem nem pensar em viver tudo o que seus pés permitem vivenciar. Gratidão é isso! É se sentir privilegiado e até emocionado por tudo o que é e tem. Não é ser conformista, nem deixar de buscar melhorias. É olhar para frente, sem deixar de olhar para o aqui e agora, e sem nunca esquecer e deixar de respeitar seu ontem.

Sabe aquela expressão "não cuspa no prato que comeu"? Essa é uma das expressões da gratidão que, confesso, é difícil de colocar em prática, pois algumas pessoas e acontecimentos parecem não ter servido nada em nossas vidas. Mas o fato é que sempre serviram, e você só está aqui hoje por conta deles. Portanto, seja grato.

A gratidão foi a palavra que salvou a minha vida, principalmente depois que deixei de, apenas dizê-la, para vivê-la de fato. Ela fez o milagre acontecer, me fez sair da depressão, da obesidade e da falência para viver com prosperidade, felicidade, saúde e bem-estar. E você acha que foi fácil, que foi só acordar todos os dias e falar que sou grata pela minha

Parte 4: Despertando o terceiro segredo

vida? Ou, como está na moda, passar a usar a palavra "gratidão" em vez de "obrigada" toda vez que alguém faz algo bom para mim ou por mim? Não mesmo. Levou mais de um ano até que a gratidão realmente tocasse meu coração por completo e até hoje tenho que viver em vigília para não sair desse estado de ser tão maravilhoso.

Foi muita prática diária até entender que, ao falar o quanto sou grata pelos detalhes da minha vida, minha alma transbordaria em forma de lágrimas no meu rosto. Inclusive, hoje, é difícil me ouvir falando sobre gratidão sem me emocionar, pois sei que absorvê-la me tirou do fundo do poço.

Para quem acredita em Deus, a gratidão é o maior elo que nos conecta a Ele. Só assim reverenciamos o maior de seus presentes, a nossa vida. Ser grato é dizer "obrigada" a Deus de forma real e inteira. É demonstrar amor verdadeiro a quem permitiu a vida. A gratidão faz você respeitar mais seu organismo e tudo o que existe na sua vida e que o permite vivê-la. Amar e ser grato por seu corpo é cuidar dele, é dar para ele o que há de melhor para que funcione perfeitamente e tenha longevidade.

Você já pensou sobre isso? E entendeu como, ao fazer isso, está demonstrando à sua mente como é merecedor de coisas boas, seja em relação a seu corpo ou qualquer área da sua vida?

Muitas mães acreditam que o maior presente de Deus são seus filhos, mas não são. Afinal, sem ter um corpo saudável, como seria possível gerar uma criança (considerando aqui uma maternidade por gravidez)? De qualquer forma, uma mulher precisa de um corpo saudável para cuidar dos filhos, amá-los e educá-los, independentemente de gestarem ou não.

Não só o corpo biológico é necessário para a experiência, mas também a mente, com sua memória e seus pensamentos. A alma, com suas emoções e seus medos, que permitem que uma mãe exista. Ou seja, a pessoa precisa da própria existência para ser mãe, sem isso não seria possível.

Então, pergunto: você trata seus filhos como trata seu corpo? Daria veneno para seus filhos da mesma forma que envenena seu corpo? Daria bebida alcoólica para seus filhos pequenos? Ofereceria cigarro para seus filhos? Imagino que não. Porém, quando se trata de drogas e venenos que são aceitos socialmente, os filhos acabam ingerindo até maior quantidade que os próprios pais, como açúcar branco e gordura trans em excesso, por exemplo.

Você pode achar um exagero o que estou dizendo. Mas me diga: qual é a diferença? Tecnicamente, nenhuma. Porém, é muito difícil que as pessoas entendam isso, mesmo que, cada vez mais, mães estejam vivenciando as consequências tristes desses excessos em forma de obesidade infantil e diabetes tipo 2 em crianças cada vez mais novas. E ainda tem gente que acha que encher os pequenos de bala é sinônimo de amor. Já pensou sobre isso?

Já ouvi mães questionando meu amor por não dar bala ou refrigerante para meus filhos. Nesses momentos, respondo que minha forma de amor é diferente, pois prefiro honrar e demonstrar minha gratidão pela existência de meus filhos, com menos ingestão de açúcares, possibilitando que vivam mais e tenham qualidade de vida. Porém, como sempre digo e repito – até para que eu mesma nunca me esqueça disso –, temos que respeitar quem pensa de outra forma, mas não precisamos nos dobrar ao modo de pensar dessas pessoas.

Parte 4: Despertando o terceiro segredo

Meu pai, a quem sou muito grata e amo muito, mesmo não concordando com todas as suas atitudes, se viu com diabetes tipo 2 logo que veio morar comigo. E qual foi a minha reação? Quis dar a ele meu conhecimento sobre como lidar com essa doença, para que vivesse melhor e mais. Porém, essa era a minha vontade e não a dele, e tive que aprender a respeitar, mesmo que isso, em um primeiro momento, tenha me cortado o coração. Como já disse antes, amar é respeitar. Tive que aprender a fazer isso em relação a diabetes de meu pai.

Espero que tenha conseguido mostrar o que é gratidão e como ela e o amor estão muito relacionados. Mas, agora, quero lhe mostrar como podemos utilizá-la na prática.

A gratidão é o ato de se sentir abençoado por sua vida desde o macro até o micro detalhe.

16

COMO PRATICAR A GRATIDÃO?

Agora, vou explicar como pratiquei a gratidão na minha mudança de vida e como consegui passar a viver regida pelo aprendizado, e não mais pelo fatalismo ou conformismo. Aliás, melhor do que explicar, ensinarei a fazer o que eu fiz, mas nada o impede de criar os próprios métodos.

Para começar, escreva em um caderno ou papel tudo pelo que você é grato. Tente recordar cada pequena coisa, cada momento, cada pessoa. Tenha como meta chegar em, pelo menos, 50 coisas pelas quais sente gratidão. Não siga no exercício antes de terminar essa etapa. É importante seguir os passos.

Agora, releia cada motivo e pense por que é grato por eles. Analise como cada momento, pessoa ou coisa que atingiu você positivamente e pense no que precisou ter, desenvolver ou ser para viver tudo isso.

Exemplo:

Motivo de gratidão: meus filhos.

Por que sou grata: eu amo estar com eles, simplesmente, olhar para eles, abraçá-los, beijá-los, conversar com eles, aprender com eles, passar meu conhecimento e me divertir com eles, ver como contribuo por um mundo melhor, trazendo-os à vida.

O que me faz viver tudo isso: ter um corpo saudável e perfeito com olhos para admirá-los, boca para beijá-los e conversar com eles, braços para abraçá-los. Ter a habilidade da leitura, que me permite ter acesso a muito conhecimento, que me faz ser uma mãe e uma pessoa melhor. Ter conseguido manter minha criança interior, para que pudesse entender a imaturidade deles e me divertir junto. Ter me casado com Dani, que me ajuda a dar o melhor para eles de diversas formas. Ter conhecido seus pais (meus filhos são de casamentos diferentes), o que me permitiu a beleza de ser mãe. Ter pele para sentir o toque deles em meu rosto ou de seus beijos de carinho. Ter neurônios para perceber as sensações maravilhosas que tenho com eles e ainda registrar na memória, ter um útero saudável e tantas outras coisas que não daria para descrever neste livro se fosse a fundo aqui.

Você viu que daria para seguir infinitamente, não é mesmo? Agora, tente você!

Depois, liste mais 100 motivos para ser grato, totalizando 150, e passe para o segundo exercício. Vale usar os motivos que permitiram viver as primeiras coisas que pensou por ser grato, como ter braços, olhos, um útero saudável e assim por diante.

Agora que você entendeu bem como a gratidão é profunda, faça um diário. Pegue um caderno ou algo semelhante e, ao final do dia, escreva tudo pelo que se sentiu grato – mesmo que não tenha se sentido assim durante o dia, recorde-se de tudo o que viveu e escreva que foi grato pelas últimas 24 horas e por tudo que permitiu vivê-las. Lembre-se: muitas vezes, quem tem menos que a gente pode entender algo que pense ser insignificante como ótimo e até memorável. Alguém que não tenha onde dormir, por exemplo, vai ficar feliz com um local seguro e confortável para deitar, independentemente da beleza do ambiente. O mesmo acontecerá com quem não tem as pessoas queridas por perto, não tem algum membro do corpo, água potável para beber e outras condições que, por vezes, esquecemos o quanto temos sorte de ter o "pouco" que temos.

Faça isso pelo menos por 21 dias consecutivos. Se esquecer um dia, volte a contar novamente. Esse é o tempo para que sua mente assimile um novo hábito. Então, pelo menos, por 21 dias seguidos, é importante manter a mudança de hábito (mas se conseguir fazer por mais tempo, é ainda melhor).

Exemplo:

Hoje, dia 21 de fevereiro de 2022, sou muito grata pelo dia, por ter tido grande inspiração escrevendo o livro *O sucesso de ser você!*. Sou incrivelmente grata por ter um ótimo notebook, no qual consigo escrever com facilidade. Grata por tudo que vivi, li e assisti até aqui e que me fez estar bem nesse momento. Grata por já sentir que estou ajudando tantas pessoas a experimentarem uma melhora de vida, assim como foi possível para mim, mesmo que não tenha publicado este livro ainda. Gratidão por ter um corpo saudável que pode sentir o beijo do meu marido e perceber seu carinho nas vezes que largou suas chamadas intermináveis, só para demonstrar que me ama. Grata por ter uma casa que, mesmo ainda não estando pronta, já tem um espaço gourmet e uma piscina maravilhosa, onde consegui trabalhar enquanto admirava minhas filhas nadando e se refrescando nela. Grata por ter uma pele que, mesmo estando sob tanto calor ao escrever neste diário, pôde sentir o prazer da brisa fresca que passou por mim. Grata por saber que, assim que o sol baixar, poderei me refrescar na piscina e admirar a vista. Grata por ter a vida incrível que tenho e por viver a gratidão por inteiro a cada momento.

Nesse dia, finalizei meu diário às 17h49, mas o ideal seria escrever antes de dormir. Porém, queria que fosse em tempo real e não dava para esperar até ir para a cama, pois queria entregar logo este presente para você. Espero que esteja gostando até aqui.

A gratidão são os óculos de grau para os míopes do merecimento.

17

SEJA GRATO PELO QUE É, PELO QUE FOI E PELO QUE SERÁ

Ser grato pelo presente e pelo passado ajuda a ampliar seu merecimento e deixa-o mais próximo de seus desejos e da realização de seu propósito. Mas ser grato por seu futuro também é importante. "Como assim, Saschi? É possível ser grato por algo que ainda não existe?". Sim. Sentindo e se visualizando nesse momento.

Nossa mente não diferencia o que é real do que é imaginação e podemos usar isso a nosso favor. No capítulo sobre alimentação da mente, falarei mais sobre o uso desse recurso, mas como estamos falando sobre a potência de ser grato, não poderia deixar para depois a explicação sobre a Gratidão do Futuro.

Ser grato pelo que será traz o futuro para o presente e é uma técnica valiosa para alcançar nossos desejos. Quando estava projetando a casa de meus sonhos, entrava na casa, vivia na casa e era grata por ela; tudo na minha mente, e muito antes de tê-la conseguido.

Parte 4: Despertando o terceiro segredo

Inclusive, existem estudos que mostram que, se praticar piano em sua mente ou fisicamente, acontece uma transformação de forma igual em suas sinapses nervosas e em suas conexões de aprendizado. Outra pesquisa comprovou resultados próximos com as pessoas que trabalharam bíceps mental e fisicamente.

Agora, só é possível entrar no mundo da gratidão quando ela o emociona, pois é ali que se torna real e sai do campo dos pensamentos e palavras ditas ao vento. Portanto, seja, desde já, grato pelo futuro que quer alcançar no tempo presente. Se veja do outro lado da ponte hoje e, principalmente, sinta todos os benefícios de sua conquista. Quando conseguir isso, é só uma questão de fazer o que precisa ser feito e viver na sua realidade presente tudo o que sonhou. O sentir que é magnético é aquele que atrai seus desejos para você. Então, sem sentir, não funciona. Do mesmo modo que a mente precisa estar em coerência com as emoções para que suas intenções se materializem.

Assim como o exercício da gratidão do capítulo anterior é usado para a gratidão do presente e do passado, você pode fazer o mesmo para a gratidão do futuro, focando em algo que queira muito que se realize. Faça com riqueza de detalhes. Inicie de forma pequena e, depois, vá crescendo. Não comece já desejando, ou melhor, sendo grato, por exemplo, por ser milionário, se só tem dez reais na conta. Primeiro, seja grato por ter cem reais; em seguida, até mil reais; depois que conseguir, suba mais um degrau. Lembre-se de que, quanto mais específico o desejo, mais fácil para o Universo encontrar o caminho para realizar. Da mesma forma, quanto mais detalhada for sua gratidão, também conquistará melhores resultados.

Outra coisa importante para a prática da gratidão do futuro é que, quanto mais você for grato ao passado e ao presente, de forma internalizada, mais fácil será para o pedido se realizar. Agora, se sua gratidão de hoje e de ontem ainda é da boca para fora, melhor esquecer e buscar outra técnica, até que consiga sentir de verdade a gratidão pela vida que tem hoje.

18

GRATIDÃO, UMA ROTINA DIÁRIA

Viver em GRATIfulness não é algo fácil e que se conquista da noite para o dia. A prática do olhar da gratidão diária ajuda no movimento que traz você para a vida de sucesso que tanto merece e, não só o ajuda a se aproximar de seus sonhos, mas aproveitá-los de forma plena. Afinal, de que adianta ganhar na Mega-Sena ou um prêmio que faz ser reconhecido mundialmente por suas conquistas ou ter uma família incrível se continua cheio de vazios a preencher, sempre buscando a próxima conquista e nunca curtindo a que já tem?

O sucesso de verdade só é alcançado quando consegue enxergar e sentir a beleza, a bênção e o quão incrível é estar vivo. Caso contrário, você fica buscando do lado de fora o que não consegue preencher dentro. E isso só se conquista com a prática. Acordar e dormir em gratidão pode ser um pouco mais fácil, pois nesses momentos, de alguma forma está saindo de um momento de relaxamento ou entrando em um, e aproveitar isso já é um grande passo para praticar o olhar da gratidão diário pensando em tudo pelo que é grato em sua vida, partindo sempre da própria existência, que permite viver tudo que faz se sentir feliz e pleno.

Agora, quando você está interagindo com o mundo, principalmente em uma sociedade doente como a que vivemos – e que cabe a nós curá-la com nossas melhores versões a cada dia –, fica um pouco mais difícil, mas nada impossível. Vou colocar aqui alguns exemplos de como encarar de forma GRATIfulness coisas corriqueiras, que podem acabar com seu dia, ou melhor, desequilibrar sua energia, atraindo mais dessa vibração desordenada que causa desconforto e até dor.

Topadas, esbarrões, quebrar algo, entre outras situações, principalmente quando acontecem pela manhã, para muitos, já pode determinar um dia de experiências desconfortáveis que se ampliam até a noite. E isso vai depender de como encara. Quando coisas assim acontecem, pense que só ocorrem porque está vivo, tem um corpo saudável, tem pés, mãos e por aí vai. Se não tivesse nada disso, essas coisas não aconteceriam com você e, normalmente, situações assim são ocasionadas por uma desatenção boba ou um descuido pequeno. Por vezes até para testar se é merecedor de tudo maravilhoso que está por vir. Lembre-se de que, independentemente de acreditar que o que aconteceu é um símbolo de sorte ou azar, estará certo. Afinal, a decisão e a cocriação de sua realidade são só suas, de mais ninguém.

O trânsito também é um lugar em que as pessoas perdem facilmente o equilíbrio, principalmente pela falta de educação das pessoas. Aliás, muitas vezes, você pode, inclusive, repetir as mesmas atitudes deseducadas, como não dar passagem para outro motorista, porque alguém, antes,

Parte 4: Despertando o terceiro segredo

não deu para você, o que o motivou a competir nessa guerra que é o caos urbano das ruas das grandes cidades.

O problema de tudo isso é que, ao ver as ruas e estradas como uma arena de batalhas, assim serão. Do mesmo modo, se enxergá-las como uma oportunidade para meditar, conseguirá olhar com mais cuidado para seus pensamentos. Eu, por exemplo, adoro dirigir, principalmente em estradas, em que fico consciente das minhas reflexões, analisando para onde elas estão me levando, se elas estão coerentes com meus desejos, assim como se a estrada em questão está me levando para onde quero ou preciso ir.

Dirigir e ter um carro representa liberdade para ir e vir de lugares mais distantes do que meu corpo poderia me levar e em um espaço menor de tempo. Como me estressar nesses momentos, então? Claro que, quando levo uma fechada, ou uma pessoa apressada buzina para que eu saia da frente, ou força a passagem, me colocando em momento de alerta, me lembro como antigamente não reagia bem a isso.

Depois que comecei a praticar e viver em GRATIfulness, passei a entender a codependência da minha existência diante do existir do outro e de tudo que há no mundo. Agora, quando pessoas agem de forma agressiva comigo no trânsito ou na vida, paro, respiro e sinto a gratidão da minha existência preencher meu corpo, pois só sou o que sou por conta daquela pessoa estressada ser quem é. E, para mudar isso, preciso ser meu melhor. Assim um dia, quem sabe, essa pessoa também busque seu melhor, por sentir a parte de mim que existe nela vibrando de forma mais tranquila e positiva.

O sucesso de ser você!

Somos o que somos, porque todos são o que são e tudo é o que é. Tudo que está dentro de nós, está fora de nós e vice-versa. Se está lendo este livro é porque quer ser uma pessoa melhor e ter uma vida melhor. Então, não se nivele por baixo nunca. Quando alguém der o pior para você, dê seu melhor. Quem sabe assim, possa inspirar a pessoa a mudar de atitude.

Temos que fazer o certo e o melhor, independentemente de ter alguém vendo. Afinal, sempre tem alguém vendo: sua mente. E alguém sentindo: seu coração. E, como somos o que pensamos sobre nós e atraímos para nossa vida tudo o que sentimos, reflita sobre o estrago que pode ser um simples ato de fazer algo errado ou com mediocridade. As coisas que você faz, quando tecnicamente ninguém está olhando, quando repetidas, se tornam parte de quem você é com o tempo.

Viva com o olhar da gratidão ativado, olhe para tudo que conforta ou desconforta com o mesmo olhar e verá que a vida é incrível demais para que perca seu tempo alimentando desconfortos desnecessários e que atraem uma vida desagradável. Viva sob vigília, para que tudo o que não quer, seja exatamente o que está atraindo para ela.

19

ALEGRIA X FELICIDADE

Antes de seguir com o próximo segredo, gostaria de deixar claro um conceito muito importante que fará toda a diferença para que entenda muito do que falo. Algo que ainda vou falar neste livro e que trago em meus cursos de forma mais aprofundada.

Alegria não é felicidade, assim como felicidade não é alegria. Esta última é uma das emoções básicas, é um estado, com o qual, por conta de algo vivenciado no ambiente, desperta em nós uma sensação gostosa e prazerosa sentida no corpo físico, despertando uma série de reações químicas que fazem você sentir prazer por estar naquele momento, naquele lugar e, por vezes, com aquela pessoa. **Mas não dura muito**.

Agora, a felicidade é um estado de ser, assim como a gratidão, e não de estar. Ou você é uma pessoa grata, ou não. Ou você é uma pessoa feliz, ou não. E mais, na verdade, a felicidade é um estado de ser para quem é realmente grato, porque esses dois estados estão intrinsecamente ligados.

A felicidade é um estado mental e emocional que só existe com a gratidão plena, pois consegue enxergar, entender e aceitar a beleza da existência por si mesmo. Não é necessária nenhuma conquista para se sentir feliz, nem amor, nem o trabalho dos sonhos, nem o corpo ideal. A felicidade existe por que você acordou e um novo dia está esperando para ser vivenciado, direcionado por seus sentimentos e pensamentos. Se estiver em estado de GRATIfulness, ele o levará para onde quiser.

Então, ser uma pessoa alegre não é sinônimo de ser uma pessoa feliz. A felicidade vem da gratidão, de sentir-se grato pelo que é e pelo que foi sem "e se", "mas quando", "até que", "quando que" ou qualquer expressão que traga uma ideia de condicionalidade. A única condição para você ser feliz é sentir-se grato pela sua vida, mesmo quando a vida lhe traz momentos desconfortáveis ou dolorosos.

Infelizmente, na atualidade, pelas redes sociais, a ideia de felicidade é associada à alegria. E, para quem viveu ou vive a depressão, sorrir não é sinônimo de felicidade. Por esse motivo, vez ou outra, uma pessoa que demonstrava muita alegria em postagens, sempre de bem com a vida, viajando ou aparentemente se divertindo, torna-se mais uma vítima da estatística do suicídio no país.

Só quem passa por um quadro depressivo sabe o quanto é difícil pedir ajuda. Por isso, precisamos ter o compromisso de atenção plena ao outro para, de alguma forma, tentarmos auxiliar nos momentos em que o vazio existencial nos cerca.

Vou lhe contar uma coisa, pessoas que tantas vezes estão rindo ou fazendo piada podem ser mais infelizes do que aquelas que não vivem o tempo

Parte 4: Despertando o terceiro segredo

todo dando gargalhadas por aí e fazendo graça. Inclusive, tive uma conhecida da época do colégio que eu acompanhava nas redes sociais; nas fotos e vídeos, estava sempre rindo muito, parecia uma pessoa muito alegre, mas me passava a impressão de que tinha algo estranho lá no fundo do olhar dela. Um dia, descobri que ela tinha se matado e aquilo me tocou profundamente, pois também tive uma prima com um sorriso largo, uma gargalhada reconhecível de longe e que também tirou a própria vida. Depois que passei por minha depressão pós-parto e outro episódio importante antes de mudar minha vida de vez, entendi o quanto é difícil admitir e procurar ajuda. Então, hoje, busco ser mais atenta com as pessoas próximas, vendo além do que elas me contam, pois merecem o melhor de mim, minha atenção plena e não serem apenas um ombro para eu chorar ou companhias para me divertir. Amizade é isso, se entregar com atenção plena para o outro.

Por vezes, as pessoas que buscam muitos motivos para rir são as que têm mais motivos para chorar e não querem ou não conseguem olhar para esses vazios. É mais fácil o analgésico de uma boa risada do que vivenciar o desconforto que pode ser olhar para as próprias sombras. No mundo onde só o que é instagramável importa, ser real acaba ficando de lado e os vazios tomam força.

Resumindo, ser uma pessoa alegre, não é sinônimo de ser uma pessoa feliz. A felicidade vem da gratidão, de sentir-se grato pelo que é e pelo que foi sem "e se", ou "mas quando", ou "até que" ou "quando que", ou qualquer expressão que traga uma ideia de condicionalidade. A única condição para você ser feliz é sentir-se plenamente grato pela sua vida, mesmo quando a vida lhe traz momentos desconfortáveis ou dolorosos.

Parte 5

Incorporando o quarto segredo

20

QUARTO SEGREDO: AMPLIAR E MANTER ELEVADO SEU MERECIMENTO

Somos criados em uma sociedade na qual a falta de merecimento é aceitável, as pessoas são estimuladas a terem baixa autoestima, a serem vitimistas e fatalistas. Pior do que isso, somos ensinados que o tamanho de nosso merecimento vem de fora, dos pais, de um professor, do chefe, de um líder espiritual e até de Deus.

Mas o que é merecimento? Precisamos desfazer conceitos errôneos e explicar o que a palavra não representa. *Merecimento* não é recompensa, não tem a ver com a resposta a um trabalho bem-feito ou uma atitude digna ou boa. Não é a consequência, é a causa. Trata-se do sentimento de ser merecedor de tudo o que é bom e o que deseja nesta vida. **O merecimento vem antes da conquista, e não depois.** Você precisa se sentir merecedor para conquistar algo. Assim, seu cérebro e as leis do Universo conspirarão para que chegue ao resultado desejado.

Vencedores são, antes de tudo, merecedores. E não precisam ser vistos como merecedores por mim ou por qualquer pessoa ou grupo; isso só cabe a eles. A visão do outro não importa. Só importa o sentimento que vem de dentro. E como se sentir merecedor de prosperidade, riqueza, um corpo saudável, uma vida amorosa produtiva, de uma carreira de sucesso e tudo mais que imaginar ser desejável por alguém? Praticando a gratidão aliada a todos os outros segredos que apresento para você.

Quando praticamos a gratidão, o respeito, o autoconhecimento, a autorresponsabilidade, uma alimentação saudável de corpo, mente e alma e vivemos o nosso propósito, conseguimos enxergar a beleza em tudo à nossa volta. Fica fácil nos sentirmos merecedores de tudo que desejarmos, pois já sentimos que temos muito, já nos percebemos como pessoas de sorte em abundância – e a sorte nada mais é que o merecimento em movimento, em ação.

Tudo começa pela gratidão, que expõe o quanto somos incríveis, cada um com suas particularidades, suas diferenças e até seus pontos de atenção. É esse sentimento que nos mostra como somos abençoados com a vida que temos. Como nascemos para sermos criadores e não apenas criaturas.

Ser grato pelo presente e pelo passado ajuda a ampliar seu merecimento. Essas duas palavras estão intimamente ligadas, ou seja, quanto mais você é grato por tudo em sua vida, maior seu merecimento e o poder multiplicador de sua prosperidade.

Talvez, você se pergunte: e as pessoas ricas que são muito ruins, que merecimento elas têm? O merecimento do outro é inerente ao seu julgamento. Se ele se acha merecedor, se sente como tal, vai

Parte 5: Incorporando o quarto segredo

conseguir o que quer. Agora, se quando ele consegue não pratica a GRATIfulness, vai acabar vivendo no efeito sanfona constante da riqueza, assim como se renderá aos problemas que a riqueza pode trazer, em vez de desfrutar de seus benefícios.

Entenda também que ser rico, assim como ser bonito ou poderoso, pode vir em forma de provação e não por merecimento. E isso não tem nada a ver com a pessoa ser boa ou ruim. Então, pare de olhar para o lado se quiser crescer. Aceite que sempre terá alguém com uma batalha maior que a sua para travar. Acredite nisso!

"Para grandes poderes são dadas grandes responsabilidades", como diria o tio de um super-herói envolvido em algumas teias por aí. Não queira ser rico, se não entende a beleza que isso envolve. Se só quer ser rico pensando em você, a lei do retorno estará sempre pronta para atuar – e ela pode vir de várias formas. A energia do dinheiro é plural e não singular, não é só para a grandeza de um, mas de muitos. E, se isso não for respeitado, esteja preparado para receber seu troco em lágrimas.

O merecimento é
o que o conecta
à estrada e à chegada.

21

POR QUE ACEITAMOS POUCO, QUANDO NASCEMOS PARA MERECER MUITO?

Quem gosta de café frio? Você reclamaria se servissem um café frio? Sabe quantas pessoas presentes no café da manhã do hotel em que eu estava reclamaram? Uma, eu. E sabe por quê? Porque o ser humano, principalmente o brasileiro, cultiva o baixo merecimento e a baixa autoestima. Com isso, aceita menos do que deveria, por não se sentir merecedor.

Aprendi o valor de meu merecimento e fui falar com o garçom com toda delicadeza. Ele resolveu o caso de forma atenciosa e, não só eu, mas todos que foram fazer a primeira refeição do dia depois de mim conseguiram tomar um café quentinho pela manhã. Mas o que essa situação tem a ver com merecimento?

Depois que terminei o café, procurei a administradora do hotel para apontar alguns pontos de melhoria no local, que era muito agradável. Entre os apontamentos, sugeri que as mesas não fossem marcadas para cada família, para que todos tivessem oportunidade de realizar as refeições na varanda. A responsável agradeceu e me falou que ninguém tinha reclamado antes, apesar de eu ter ouvido, nesse dia, comentários de insatisfação por esta mesma questão entre outros hóspedes. Expliquei que, como empresária, gostava muito quando alguém trazia alguma reclamação ou sugestão de melhoria. Isso mostra que a pessoa se importa e a chance de se tornar fiel cliente, ao ser atendido ou pelo menos ouvido, é grande.

Agora, imagine se não falasse nada sobre a temperatura da bebida? Provavelmente, seriam dias de café frio e várias reclamações na internet, pois as pessoas parecem ter mais coragem para fazer um post ou uma má avaliação no Google do que mostrar que se importam, tentando resolver o problema na mesma hora. Sem as reclamações resolvidas, muitos hóspedes não retornariam apenas por terem baixa autoestima e aceitarem o café frio como parte de seu merecimento.

Aceitar menos do que merece é dizer para seu cérebro que realmente não tem alto merecimento. E quanto mais repetir essa atitude, menos chances tem de se tornar protagonista de sua história, o que inclui o corpo que quer ter, assim como sua vida de sucesso.

Por que o Universo vai gastar energia para entregar 1 milhão de reais se, para você, 10 reais estão ok? Se, no fundo, parece que você acha que é isso que merece? A vida que você tem é o reflexo do que pensa que lhe cabe. Reflita sobre isso da próxima vez que aceitar uma comida ruim, um café gelado ou um mal atendimento, mas lembre-se também de que o respeito é o que o manterá aonde conseguir chegar. Para isso, tratar as pessoas bem, mesmo quando estão prestando um mau serviço, é seu

Parte 5: Incorporando o quarto segredo

dever. Mostre onde está errado com educação, com amor, pensando no bem que fará a ela e não só a você. Pense no bem que fará a todos que terão o prazer de ter um serviço melhor oferecido por aquela pessoa.

Tem gente que diz que não gosta de reclamar da comida, pois acha que receberá uma comida ainda pior ou com cuspe no lugar, ou até mesmo porque pensa que vai incomodar. Mas se você se sente merecedor de um melhor atendimento e faz suas críticas, realmente construtivas e com respeito, isso nunca acontecerá. Só pensa da primeira forma quem tem baixo merecimento.

Recentemente, li o livro *Dar e Receber*, de Adam Grant, que falava sobre perfis tomadores, compensadores e doadores. Entre as informações, ele menciona o estudo feito por Linda Babcock, que mostra o porquê de as mulheres receberem menos que os homens, mesmo que, ao oferecerem o emprego, o salário fosse o mesmo para ambos.

A surpresa da pesquisa é que muitas delas acabam aceitando mais fácil o salário-base, sem questionar ou negociar, enquanto eles correm atrás de melhorar as propostas e, assim, passam a ganhar mais. Especificamente, 57% dos homens tentaram negociar seus salários, enquanto apenas 7% das mulheres resolveram fazer o mesmo. E a questão é que fomos e ainda somos ensinadas a ceder mais, ou melhor, aceitar menos, e com isso muitas de nós tendem a criar uma realidade aquém do que merecem.

Importante lembrarmos que, além de mulheres e profissionais, muitas de nós somos mães, e termos essa atitude, ou a falta dela, ensina nossas filhas a fazerem o mesmo. Resultado: isso vai se perpetuando como se fosse uma verdade e não como uma consequência da falta de merecimento implantada na nossa mente.

O sucesso de ser você!

Aceitar menos para nós, mulheres, além de nos prejudicar, interfere na visão de quem nos tem como exemplo e de todos que convivem conosco. Afinal, eles também poderiam ter o melhor de nós e não somente as migalhas que um dia acreditamos que eram o máximo que poderíamos entregar.

E se você é homem, pense nisso com carinho quando for entrevistar uma mulher ou conversar sobre isso com colegas de trabalho, estimulando-as a se sentirem merecedoras também, pois você tem mãe, por vezes mulher e irmã que podem passar por isso. Além disso, pode ajudar outras mulheres a pensarem diferente, abrindo caminho para aquelas que você ama também. Esse comportamento tem feito parte da nossa cultura feminina, inclusive pelo nosso lado materno apaziguador que acaba cedendo para o bem da família, mas nem sempre para nosso bem. Talvez seja um tempo para repensar.

Aceitar menos do que merece é dizer para seu cérebro que realmente não tem alto merecimento. E quanto mais repete essa atitude, menos chances tem de se tornar protagonista de sua história, incluindo sua vida de sucesso.

22

O EFEITO SONECA DO DESPERTADOR

Eu nunca consegui entender as pessoas que despertam mal-humoradas. Sempre acordei de bom humor, dando bom dia para todos, para a natureza e para a vida. Isso só não aconteceu nos momentos em que tive depressão, quando não queria nem mais acordar. Porém, a minha filha do meio, a Dani, acorda de mau humor todos os dias, daqueles fora do normal – se bem que tem melhorado –, mas esse é um padrão ainda forte dela. E isso é inconcebível para mim.

Embora eu a respeite, queria muito que ela mudasse de atitude perante a vida para o próprio bem. Recentemente, aconteceu algo que me deu um *click*. Estávamos eu, meu marido, a Agatha e a Dani chegando a um hotel fazenda charmoso já no fim do dia. Olhei para o horizonte e vi o que acreditava ser o pôr do sol dentre as árvores e mostrei para as meninas e para meu marido. Nesse momento, a Dani virou e falou: "Eu não ligo para essas coisas, vocês que ligam". Então, falei sem nem pensar: "E pode ser que seja por isso que você acorde de mau humor e eu não, já pensou nisso?".

Parte 5: Incorporando o quarto segredo

Com a minha resposta espontânea, totalmente sem pensar, percebi que era isso que estava faltando nela e, também, um pouco na Agatha, que é mais nova – meu filho mais velho, Gabriel, já consegue ver beleza nas coisas simples, mas e tem também um caminho a seguir. E um detalhe interessante: esse pôr do sol, especificamente, não era um fenômeno da natureza. Era, na verdade, uma luz amarela forte que tinha acendido antes das outras do hotel e só percebi isso quando as outras ligaram.

Mas quem se importa? Afinal, a beleza vem de dentro da gente, da forma como enxergamos nosso entorno, e não de fora. E esse encanto que vi na luz do hotel, que parecia ser um pôr do sol, é consequência de se viver a gratidão. Ou seja, a gente vê o que quer ver. E eu escolhi ver a beleza de cada coisa que faz parte da minha vida, mesmo que seja um pôr do sol falso.

Voltando à frase que falei para minha filha, ela foi como um despertar para mim. E vi que tinha que falar sobre isso neste livro, pois quantas pessoas vivem de colocar o despertador no modo soneca, adiando por mais cinco minutos o enfrentamento da vida? Digo "enfrentamento" porque se, ao acordar, você pensasse na gratidão sobre tudo de bom que existe em sua vida e acreditasse em seu merecimento, não hesitaria ou adiaria nada, mesmo que por cinco minutos, apenas para aproveitar o prazer que é viver mais um dia cheio de possibilidades. Quando você adia algo, é como se dissesse para seu cérebro que o que está por vir não é bom. Já pensou sobre isso?

Então, se você é dessas pessoas reféns dos cinco minutinhos a mais de sono, repense o motivo pelo qual quer adiar sua vida. O que está o incomodando? O que o faria ter ânimo para acordar? O que lhe falta? O que você não quer enfrentar? E se todos os dias, em vez de acordar pensando nas contas que tem para pagar, nos problemas que tem para resolver, nas coisas do seu trabalho que não gosta, pensasse em tudo pelo que você é grato? Pegue esses cinco minutos que dormiria a mais para ajudar seu cérebro a ver a beleza das pequenas coisas, desde o aroma, a temperatura e o sabor de um bom café puro pela manhã, até ter um trabalho que, mesmo que não seja o melhor do mundo, o ajuda a pagar as contas em um mundo no qual muitos nem têm uma casa para morar.

Além disso, quando você volta a dormir por mais cinco a dez minutos, força seu corpo a iniciar um novo ciclo de sono sem ter tempo de completá-lo, deixando-o mais sonolento e com uma lentidão cognitiva e motora durante o dia. O ideal mesmo é acordar antes do despertador ou até sem precisar dele. Se não for possível, esqueça a função soneca e aqueles cinco minutinhos extras e eternos que muitos adoram e usam constantemente. Comece a viver intensa e inteiramente e deixe de lado essa sobrevida trazida pelo adiamento do despertar, assim como todas as outras coisas que, possivelmente, está deixando para depois.

23

O MERECIMENTO E SUA VERSÃO DE SUCESSO

Como pode ser sua versão de sucesso se, bem lá no fundo, não se acha merecedor de nada que contemple na realidade que tanto deseja estar? Seja porque não olha para suas escolhas, porque alguém à sua volta diz que você não consegue ou não merece, por não confiar em você ou, ainda, por conta do tamanho de suas dores e seus vazios.

Anteriormente, mencionei que o merecimento vem antes e não depois da conquista. Ele é a causa e não a consequência e, por isso, temos sempre que deixar nosso nível elevado, para que não nos impeça de alcançar nossos sonhos. Mas como ampliar seu nível de merecimento?

Quando alguém fala que você é incapaz de algo, está medindo as possíveis conquistas pelos limites dele e não pelos seus, assim como pelo merecimento dele e não pelo seu. Afinal, cada um sabe sobre as próprias cargas e possibilidades. Então, não dê ouvidos, nem se nivele pelo outro, especialmente quando essa pessoa quiser ser roteirista de sua história. Afinal, ela é sua, o merecimento é seu e os limites também são unicamente seus.

O sucesso de ser você!

Portanto, antes de começar o processo para alcançar a vida de sucesso que nasceu para ter – e que, em algum momento, se perdeu –, foque em ampliar seu merecimento para essa finalidade. Mire em tudo que está insatisfatório em sua vida hoje e encontre soluções, pois é muito difícil se manter focado quando tudo está em desequilíbrio.

Os gatilhos e as dores que fazem você querer mudar não são a causa do problema, e sim uma das formas que o problema encontrou para se manifestar. E, para muitos, acredite, isso pode ser a salvação, sabia? Afinal, a dor ou problema em questão é uma forma que o Universo usa para alertar de que tem algo errado. E quem não encontra um problema ou gatilho que incomode tanto para fazer esse despertar, pode acabar descobrindo que algo vai mal tarde demais para dar a volta por cima.

Sinta-se merecedor da sua versão de sucesso, pratique a GRATIfulness e seus 7 segredos e, a cada dia, se sentirá mais digno dessa conquista. Você não precisa começar o processo quando estiver com o merecimento no nível máximo, pode ampliá-lo durante o processo e, assim, chegar mais longe do que imaginou no início.

Sinta-se merecedor de ser sua versão de sucesso, pratique a GRATIfulness e seus 7 segredos, pois todos levam ao merecimento.

24

UM POUCO DO CAMINHO DE MEU MERECIMENTO NO PROCESSO DE MUDANÇA DA MINHA VIDA

Enquanto buscava encontrar uma melhor versão de mim, o sobrepeso parecia ser meu maior problema. Meu merecimento ainda estava baixo, apesar de um pouco mais alto do que quando nem pensava em me resgatar. Estar muito acima do meu peso estava mexendo demais com meu emocional, e eu sabia que, se emagrecesse pelo menos dez quilos, conseguiria me admirar mais, não exatamente por estar mais bonita ou magra, mas por ter conseguido retomar as rédeas da minha vida.

Meu foco inicial eram os dez quilos, apesar de precisar emagrecer mais para ficar bem novamente. Porém, naquele momento, meu merecimento só permitia isso – e como sempre digo, melhor o feito do que o perfeito – e o importante era começar e ver o resultado do meu empenho. Ou seja, não adiantava colocar um foco em algo que meu cérebro não acreditasse ser possível ou achasse muito difícil, pois me boicotaria antes mesmo de começar.

Parte 5: Incorporando o quarto segredo

Por exemplo, se sua questão maior for financeira, não adianta você falar que quer ser milionário, se seu merecimento está, no máximo, na escala de centenas de reais, tem que existir coerência entre mente e emoções e, principalmente, coerência com seu merecimento. Se não acreditar e se sentir merecedor de ser milionário, nunca será.

Não interessa se o que mais o incomoda em sua vida é o peso, conta bancária ou vida amorosa, o que importa é o gatilho que fará se mover em direção a sua versão de sucesso. Por vezes, o menos importante para muita gente pode ser o mais importante para você e o que importa é como sente e pensa. Esqueça um pouco os outros e foque no que é importante para você, mesmo que isso mude durante o processo e, pode ter certeza de que muda e, por vezes, muda muito mesmo.

Voltando ao meu processo, emagreci o que buscava em menos de um mês e meio e, depois, mais nove quilos ao longo de mais um mês e meio. Um resultado bem acima do esperado. E sabe por quê? Porque comecei praticando os 7 segredos da GRATIfulness, como autorresponsabilidade, autoconhecimento, olhar da gratidão e merecimento, antes de focar na alimentação propriamente dita. Vibrava por cada grama eliminado e isso ampliava meu merecimento que, ao longo de mais um ano de emagrecimento, consegui focar em outras questões da minha vida, que também precisavam da minha atenção, principalmente em relação à carreira e à parte financeira.

Afinal, como conseguir emagrecer cheio de contas atrasadas para pagar, desempregado, em um relacionamento tóxico ou com qualquer outra questão que tire seu equilíbrio? Ou como acertar a vida financeira e, também, cuidar do corpo e da vida amorosa? Muito difícil, né? Porém, quando a gratidão está em prática e seu merecimento em evolução, você simplesmente sabe que tudo vai se resolver e consegue focar em uma questão de cada vez, até que se veja em uma vida próspera em todos os aspectos. Sua vida de sucesso começa a ser real.

Não estou falando que você, com a prática dos 7 segredos, se tornará rico e bem-sucedido, além de ter um corpo saudável, pois nem todos desejam de verdade isso. Mas conhecerá todas as ferramentas necessárias para levá-lo aonde ousar sonhar e merecer.

Lembre-se de que desejar não é um verbo da boca para fora, é da boca para dentro. É algo que o faz transformar suas células em ímãs de atração na direção de seu objeto de desejo. É um verbo poderoso, que mexe com toda a estrutura de seu corpo, tendo como foco único atrair o que deseja até você.

Desejar não é um verbo da boca para fora, é da boca para dentro. É algo tão forte que muda a estrutura molecular de seu corpo para torná-lo um ímã potente na direção do objeto de seu desejo.

25

QUEM MUITO QUER, NADA DESEJA

Eu falei muito sobre desejo no capítulo anterior e entendo que é importante explicar a diferença entre *querer* e *desejar*, já que desejo é a peça fundamental na mudança de chave. Sem ele, não tem lenha na fogueira; e a gente quer mais é ver a paixão pela vida arder forte dentro da gente. Pelo menos, é isso que quero para mim e para você.

Sabe aquelas pessoas que têm um brilho no olhar, que os outros dizem que têm uma estrela própria? Elas são exemplos do que a ativação de seu desejo de viver e de sua chama interior podem proporcionar, porque, inconscientemente, praticam os 7 segredos da GRATIfulness. Qualquer coisa que elas desejarem, vão conseguir.

Mas, Saschi, quer dizer que se elas quiserem que o Brad Pitt se apaixone por elas, conseguirão? Claro que não. Elas precisam desejar de verdade e tem gente que nem acha o Brad Pitt nada de mais – como eu. E, fora isso, pessoas assim não se apegam a coisas tão pequenas, buscam algo maior, como serem melhores a cada dia. Outra questão é que, quando o

Parte 5: Incorporando o quarto segredo

desejo envolve outro ser consciente, existe um conflito de desejos a ser levado em consideração. Na verdade, o tempo todo estamos em uma disputa de nível de consciência na qual quem está com um nível mais elevado leva a melhor numa disputa por algo no Universo em relação a quem está em um nível mais baixo. Se duas pessoas querem a mesma coisa, ganha quem consegue se conectar mais fácil e mais rápido com a vibração do objeto de desejo em questão.

O desejo é algo que a gente sente com todas as células de nosso corpo, que nos emociona e nos ilumina. É como se virássemos um farol para o objeto de desejo nos encontrar com mais facilidade. É um sentimento poderoso que o colocará no caminho até o objeto desejado. Porém, se não existir merecimento, ele se torna um simples querer, como ter vontade de comer uma pizza hoje ou amanhã ficar com alguém do trabalho, por exemplo, joga seu merecimento no chão. Afinal, você merece muito mais que isso, né?

Quando falo que quem muito quer, nada deseja, significa que quem quer muitas coisas, tem muitos vazios para preencher e pouco trabalha seu merecimento, sua gratidão e os outros segredos que falamos aqui e que falaremos adiante. E isso acaba transformando sua vida numa busca sem foco e sem chances de resultado. Quem muito quer, gasta suas energias fomentando a escassez. O desejo verdadeiro é amigo da prosperidade.

Assim como o merecimento é a gratidão em ação, o desejo é o merecimento em ação. Está percebendo como está tudo conectado? Seja sua dor a falta de dinheiro, os quilos a mais ou encontrar o amor da sua vida, não será uma única mudança de hábito que trará sua vida de sucesso, mas sim a construção de um novo você, que pode ser preenchido pouco a pouco de forma coerente com a realidade que você tanto deseja, sentindo-se fortemente merecedor dela.

MERECIMENTO = GRATIDÃO EM AÇÃO
DESEJO = MERECIMENTO EM AÇÃO

Se você não se acha merecedor da conta bancária recheada, do relacionamento amoroso perfeito ou do corpo que deseja, não pretende nada disso, só quer mesmo, e o querer não traz resultados, traz recompensas. Só o merecimento desperta o verdadeiro desejo e, consequentemente, entrega o resultado esperado.

O querer não traz resultados,
traz recompensas.
O verdadeiro desejo
entrega seus sonhos.

26

O PECADO DE SE TORNAR O QUE DESEJA

Antes mesmo de ter filhos e casar, pensei em escrever um livro chamado *O pecado de ser bonita*, porém nunca comecei. Naquela época, acho que ainda faltava maturidade para que eu escrevesse, com propriedade, sobre o assunto. Além disso, precisava resolver, dentro de mim, todas as cicatrizes que gerei pelo simples fato de ser bonita.

A verdade é que muita gente quer ser linda, mas não sabe o preço que se paga por essa característica física, que até abre algumas portas, não vou negar, mas traz também provações muito maiores que as facilidades. Do mesmo modo, com a magreza, algumas dificuldades podem acontecer. Você já deve ter ouvido a frase "Fulana é magra de ruim", como muita gente chama as pessoas que, por mais que comam muito, não engordam. O pecado, ou problema, está exatamente aí. Afinal, mesmo que elas comam muito, ou pior, muitas coisas que fazem mal ao seu corpo e, mesmo assim, não engordam, acabam não enxergando tão facilmente quando algo está em desequilíbrio ou indo errado.

Parte 5: Incorporando o quarto segredo

E quanto a ser rico ou famoso, você acha que só existem benefícios? Na verdade, há muitos desafios nessas duas questões. Conheço pessoas famosas e muito ricas que sofrem com várias coisas, principalmente quando não praticam a GRATIfulness. Se, por um lado, elas conseguiram alcançar o sonho de tantas pessoas, por outro, não se preocuparam em preencher seus vazios, fazer de suas vidas uma entrega ao mundo, e não são gratas por suas vidas por inteiro. Então, qualquer perda de seguidor ou diminuição na conta bancária traz uma grande ansiedade e, por vezes, isso leva a vícios e escolhas que fazem com que percam o que têm ou até decidam acabar com tudo. Temos vários exemplos na história que validam o que estou dizendo.

E é errado querer ser rico, famoso ou bonito? Não. Absolutamente, não. Inclusive, podemos desejar as três coisas juntas, pois merecemos ter tudo o que quisermos. Entretanto, nossa entrega ao mundo tem que estar no mesmo nível para que sejamos felizes em nossas conquistas. Só quando isso acontece, alcançamos nossa melhor vida; nosso eu de sucesso encontra nossa entrega de sucesso. Lembre-se, é dando que se recebe, e não o contrário.

Conquistar beleza, fama ou riqueza só faz sentido quando está no mesmo nível de entrega ao mundo. Sem isso, são conquistas vazias que afastam de você a verdadeira felicidade.

27

OS HÁBITOS E SUA VERSÃO DE SUCESSO

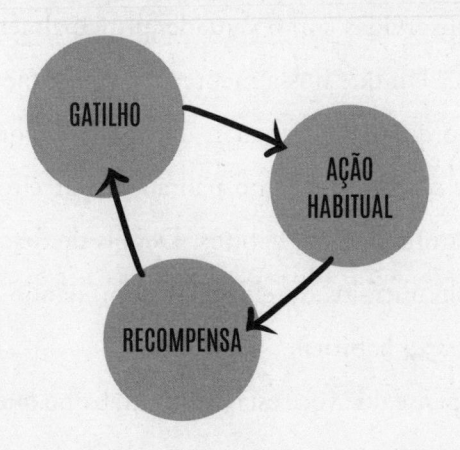

[Diagrama: GATILHO → AÇÃO HABITUAL → RECOMPENSA → GATILHO]

Tudo na vida começa por um hábito, que se torna rotina, até que você passa a fazer algo sem nem mais saber por que faz, ou seja, vira parte de sua personalidade. E quanto mais antigos os hábitos, mais difícil mudá-los. Entretanto, podem ser transformados ou criados desde o primeiro passo.

Para que os hábitos sejam criados, é necessário um gatilho ou uma deixa, uma rotina e uma recompensa. Na hora de criar um hábito positivo ou mudar um antigo, temos que lembrar também a importância do merecimento. Afinal, qualquer momento de estresse pode fazer você voltar à zona de conforto, na qual estava acostumado, e só o merecimento vai ajudá-lo a se manter no foco.

Quando falamos das três principais dores da humanidade: falta de dinheiro, estar acima do peso e encontrar um relacionamento saudável, há uma série de hábitos diferentes que podem fazer pessoas estarem na situação. Hábitos que, inclusive, estão conectados a crenças limitantes, as quais muitas vezes não são nem verdadeiras, mas vieram de outras pessoas e foram absorvidas como verdade, principalmente antes dos seis ou sete anos, época em que nossa mente analítica começa a ser formada.

Entender o porquê de gastar mais do que tem, comer mais do que precisa ou buscar sempre o mesmo padrão de parceiro ou parceira é o que vai ajudá-lo a mudar esses hábitos. Depois de descobrir isso, será o momento de ressignificá-los ou eliminá-los, mudando a necessidade da recompensa ou a ação habitual.

Por exemplo: pense que você está em um trabalho que não gosta e só se mantém lá porque precisa pagar as contas. Algumas vezes, durante o dia, o tédio é tanto que a única coisa que passa pela cabeça é comer algo que lhe dê prazer rápido e o tire daquele lugar tão entediante. Isso acontece diariamente, há meses ou anos. Já virou um hábito. Duas vezes por dia, você sai de sua cadeira e vai para a copa da empresa comer aquele docinho ou pão que levou de casa, sabendo que esse momento aconteceria. Depois de um tempo, você já nem sabe mais porque levanta da cadeira, só sabe que precisa estar preparada para esse momento, levando guloseimas de casa para realizar essa rotina diária no trabalho. Já percebeu?

Parte 5: Incorporando o quarto segredo

Pelo mesmo motivo, pessoas também começam a fumar, pois assim têm uma desculpa para se levantar da cadeira e ir confraternizar um pouco com os colegas que também fumam, ou para se entreter a sós. Afinal, o vício em cigarro é aceito pelas pessoas com mais facilidade e ninguém vai questionar por que você não está trabalhando naqueles minutos.

Vamos analisar outro exemplo, um bem pessoal. Num passado não tão distante assim, eu tinha o hábito de buscar relacionamentos com homens que eu sentisse que poderia dominar, mesmo que fossem pessoas que não me agregassem em nada, e que até me fizessem mal. Eu fazia isso há tanto tempo, que nem percebia a existência do hábito, mas se você voltar neste livro e reler a minha história, faz todo o sentido. Eu fui abusada na infância por homens, então nada mais seguro do que só me relacionar com aqueles que pareciam me dar o controle da relação, mesmo que, por vezes, tenha me enganado em algumas escolhas, achando que estava começando a me relacionar com uma pessoa assim, quando a realidade era bem diferente. Porém, só depois que percebi esse hábito e consegui descobrir a crença, ou gatilho, que me fazia sempre escolher da mesma forma, pude ressignificar. Nesse caso, ressignifiquei o gatilho, que me ajudou a mudar o hábito, me tirando do ciclo nocivo de relações danosas.

Vamos voltar à questão do tédio no trabalho, que pode gerar tanto o excesso de comida quanto o consumo exacerbado na internet por artigos que nem precisa, ou a busca por alguém totalmente danoso a você nas redes sociais. Se temos tédio, vontade de comer, de comprar, de ter alguém, e prazer instantâneo no combo, o que podemos colocar no lugar do hábito comer, gastar, paquerar? Nesses casos, para cada um, algo diferente funcionará. Pode ser ligar a um amigo para uma conversa rápida, ler um livro, tomar um café sem açúcar, escrever no seu diário ou qualquer outro hábito que o tire da antiga versão. Lembre-se de que você também pode mudar o gatilho, entender o porquê do tédio existir e fazer com que não exista mais para mudar a necessidade daquela recompensa.

Lembre-se de que não será só uma resposta diferente ao mesmo gatilho que fará seu hábito ser ressignificado ou interrompido de vez. É preciso muita repetição e muita vigilância até suas sinapses nervosas se organizarem de outra forma, de modo que aquele hábito antigo não exista mais.

Nosso cérebro é tinhoso nessas horas, e não são afirmações ou visualizações que o farão acreditar no seu "novo eu". Se as atitudes não forem condizentes com a nova pseudo-realidade e isso se repetir muitas vezes, não adianta.

Vamos utilizar o exemplo em questão para explicar melhor isso. Se você está em um emprego no qual é necessário que tenha pequenos momentos de alegria e prazer, não está bem no cargo ou no espaço. A mensagem que passa para seu cérebro, quando se mantém nele, é que só merece isso, ou seja, não tem um nível de merecimento alto para estar em um lugar melhor. E isso não fortalecerá seu novo hábito.

Então, uma dica é ir fundo onde os gatilhos são gerados para a prática de seus hábitos nocivos e, a partir daí, tomar atitudes não só para mudar a rotina de seus maus hábitos, alterando o quanto se respeita, o quanto se ama e o quanto pensa e sente que é merecedor de coisas incríveis para sua vida.

Parte 5: Incorporando o quarto segredo

O que o distancia de alguém que teve sucesso é apenas o fato de acreditar nisso e sentir como se fosse parte de sua vida e consequência de seus atos, sem duvidar disso. Tudo começa na mente e se realiza nas emoções. Enquanto você não pensar que merece e conseguir sentir isso com todas as células de seu corpo, nenhuma mudança de hábito ou de vida será possível.

Criei a parábola a seguir para exemplificar o que quero dizer.

O mestre e o discípulo conversam sobre vencedores e perdedores

O discípulo chega para o mestre e pergunta:

— Duas pessoas resolveram que seriam vencedoras, mas só uma conseguiu. O que aconteceu?

O mestre, sem pensar muito, responde:

— É que uma acreditou que era vencedora e a outra não.

O discípulo, insatisfeito com a resposta, pergunta novamente:

— Mas e se as duas acreditaram, mestre?

O mestre, mais uma vez, responde sem pestanejar:

— Então, uma sentiu que era vencedora e a outra não.

O discípulo, querendo ir a fundo na sabedoria, segue no questionamento:

— Mas e se as duas sentiram?

O mestre, então, olha para o discípulo com um leve sorriso no rosto e finaliza:

— Então, uma desistiu ou morreu antes.

Se você acreditar e sentir que é uma pessoa vencedora, só o que impede de alcançar seu objetivo é o tempo. Então, não deixe para depois o que você pode acreditar e sentir hoje.

28

MEUS HÁBITOS E MEU MERECIMENTO

Quando comecei a mudar a minha história, inseri hábitos que me faziam ser merecedora de tudo o que estava querendo para melhorar radicalmente a minha vida. Neste capítulo, vou dividi-los com você para que possa entender que não basta mudar hábitos pontuais, mas sim alterar o que faz seu cérebro acreditar que você só merece o que tem e vive hoje.

Ao iniciar o processo de mudança, entendi que precisava merecer mais para ter mais, assim como entregar uma melhor versão de mim, para que o Universo retornasse com uma realidade melhor. E me tratar como estava fazendo, não estava mandando mensagem nenhuma para meu cérebro agir ao encontro de meus desejos.

Então, passei a respeitar meu corpo e ser grata por ele ao acordar, em vez de entrar logo no celular e ver as redes sociais. Além disso, busco ser grata por tudo que me cerca, assim como por tudo e todos que me fizeram ser quem sou, estar onde estou e por ter conquistado tudo o que conquistei.

Em seguida, passei a acordar mais cedo para cuidar melhor do meu corpo, com foco na alimentação CMA (corpo, mente e alma) – que explicarei em seguida –, com meditação, visualização, livros ou vídeos sobre temas que enriquecem minha mente e alma, além de exercícios diários para meu cérebro perceber que tinha algo diferente e que, agora, como estava empenhada em ser melhor, também estava preparada para receber o melhor de volta.

Um detalhe importante sobre o início de meus dias é que, hoje, acordo entre 3h e 3h30h da madrugada, de segunda a sexta. Aos fins de semana, acordo um pouco mais tarde, normalmente, por volta de 4h30/ 5h. Porém, antes de continuar, quero deixar claro que não precisa fazer isso. Este é meu horário para ser minha melhor versão diariamente, por mim e por toda existência da qual fazemos parte, para só depois dar conta da minha entrega para o mundo, em um horário no qual funciono melhor. Cada um tem seu horário, mas acordar bem cedo assim fez toda a diferença para mim e para as conquistas que me levam à minha melhor versão e vida de sucesso.

Ter um tempo para se desvincular do seu eu do passado e se tornar seu eu de sucesso em constante evolução na parte da manhã é primordial para pessoas que querem resultados diferentes de forma mais rápida. Se nossa mente é nossa memória em ação, e se a forma com que lidamos com o mundo é um reflexo de nossas memórias, estamos apenas nos permitindo viver em um *looping* do passado sem chances de ter diferentes resultados. Quanto mais distante está da sua vida dos sonhos, mais tem que se dedicar a melhorar sua atual versão para que ela se aproxime mais rápido de sua vida de sucesso e, com isso, possa desfrutar da vida incrível que tanto merece e nasceu para ter.

Parte 5: Incorporando o quarto segredo

Com o passar do tempo, praticando a minha nova rotina, comecei a me sentir realmente mais merecedora e viver a minha vida dos sonhos se tornou algo natural e não mais uma questão difícil do meu dia, pois sabia que merecia um corpo mais saudável, assim como ter prosperidade em todos os setores. Assim, tudo ao meu redor foi melhorando, coisas pequenas ou grandes não me quebravam mais, pois a certeza do meu merecimento era tanta, que qualquer coisa que acontecesse e parecesse negativa ou que fosse ruim mesmo, como a morte de um ente querido, não me fazia voltar aos velhos hábitos nocivos, mesmo que estivesse triste.

Citei a morte de um ente querido, pois é a única situação que me entristece muito e que não acontece para nos mostrar ou ensinar alguma lição, mesmo que, por vezes, possamos ter algum aprendizado a partir de situações assim. Afinal, é lógico que nossa vida não se sobrepõe à de ninguém para que outra pessoa precise morrer para que aprendamos algo. Na verdade, não só a morte, mas tragédias que acontecem com outras pessoas nunca são para seu crescimento e aprendizado, mas nada o impede de aprender e crescer diante de situações assim.

O que acontece com o outro é do outro, por mais que isso o atinja emocionalmente também e você queira agir para ajudar. Afinal, estamos todos conectados e o apoio mútuo deveria ser parte constante da nossa vida. Quando a questão é merecimento, cada um tem o seu. Inclusive, olhar para a dor do outro e buscar melhorá-la é uma atitude que ajuda a ampliar nosso nível de merecimento. Então, pense nisso ao negar ajuda para alguém que você possa apoiar.

Analise os hábitos que mantêm seu merecimento baixo e busque ressignificá-los. Construa novos hábitos que validem sua versão de sucesso e verá que passará a entregar mais para o mundo sem nem perceber, apenas sendo uma versão melhorada. O mundo passará a entregar uma vida muito melhor também.

Antes do hábito virar parte de sua personalidade e de seu novo eu, sua versão de sucesso, insistirá em mostrar o caminho antigo de decisões e comportamentos. Por isso, quero fechar este capítulo contando sobre um hábito que ainda não é 100% parte de mim, mas será, afinal sou brasileira e não desisto nunca.

Voltando à minha rotina diária e matinal, vou descrevê-la: acordo por volta das 3h, medito, leio um livro ou assisto a um curso que me faça ser uma pessoa melhor, pratico yoga ou treino na academia, tomo um banho gelado para começar a minha fase de entrega ao mundo que vai ser feita pelo meu trabalho e convivendo com as pessoas. De tudo isso, o banho gelado ainda é a questão mais difícil, mesmo me sentindo incrivelmente bem depois de tomá-lo.

Quase todas as vezes que me preparo para o banho, vem uma vozinha falando: "Para que isso? Hoje está muito frio, vamos de banho morno e depois frio, pelo menos". E por aí vai, mas me lembro de como fico animada e energizada ao sair do banho e vou lá. Enfrento! E, desde que passei a executar esse hábito, nenhum banho, pela manhã, deixou de ser gelado e olha que moro a 1000 metros do nível do mar e, quando é frio, é frio mesmo e a água fica gelada de doer, mas é essa que mais gosto, pois me conecta com os banhos de cachoeira, que amo.

Parte 5: Incorporando o quarto segredo

Outra coisa que me ajudou a enfrentar o banho gelado foi transformá-lo em um ritual energizante e de grande gratidão. Toda vez que entro no banho gelado, primeiro me sinto grata por tudo e todos que permitiram que aquele banho limpante, energizante e revigorante acontecesse e, se não faço isso, é como se o dia realmente não começasse, sabe? Ensino, inclusive, essa técnica nos meus cursos para que inclua tanto a gratidão no seu dia a dia como um novo hábito que valide sua versão de sucesso.

Seus hábitos ajudam a construir sua personalidade. Então, reavaliar antigos hábitos e incorporar novos aproximam-no(na) de sua versão de sucesso e pode ser uma grande estratégia para alcançar seu novo eu.

Parte 6

Absorvendo o quinto segredo

29

QUINTO SEGREDO: ALIMENTAR BEM SEU CORPO CMA

O que é alimentação? Entender esta palavra é muito importante para compreender o que quero dizer com Alimentação CMA – sigla que uso para unir corpo, mente e alma.

O primeiro ponto é saber que alimento é algo que ingerimos para nutrir, cuidar e evoluir, e de nada adianta comer certo, alimentando bem seu corpo biológico, sem alimentar muito bem seu corpo mental e emocional. A alimentação tem que ser tratada de forma holística e não isolada. Se não for assim, a resposta será incompleta e sem resultados duradouros.

Explicar melhor cada tipo de alimentação ajudará a cuidar com mais carinho do seu corpo como um todo e não como uma máquina biológica que não tem pensamentos e sentimentos. Nosso corpo precisa ser bem alimentado diariamente e não é só de comida e bebida que ele precisa para estar na sua melhor forma para atrair sua melhor vida, mas precisa ser bem alimentado na área mental e emocional também.

Estamos o tempo todo nos alimentando, desde a hora que acordamos até a hora que vamos dormir, inclusive durante o sono. Aqui falaremos das várias formas de se alimentar e como fazer esse processo usando todos os nossos sentidos e não só a mastigação e a deglutição. A Alimentação CMA não inclui só o combustível principal que nos dá energia física em forma de calorias, mas todos os outros alimentos que fazem o que colocamos no prato ser bem aproveitado.

Quem entende um pouco do assunto, sabe que não adianta só colocar o combustível certo. Se faltar água, ele para; se faltar óleo no motor, ele para; se faltar fluido de freios, ele vai ficar sem freio, dependendo do tipo que seu carro tenha e assim por diante. Então, mesmo que pareça que só o que precisamos é comer e beber, têm muitas outras coisas que nos fazem ter um corpo performando com perfeição.

30

CORPO CMA

CORPO MENTAL
AÇÃO
output
como decidimos
interagir com
o ambiente

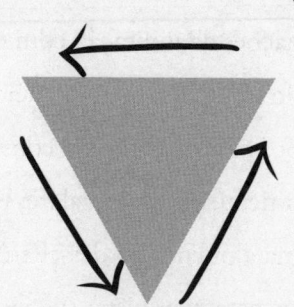

CORPO EMOCIONAL
REAÇÃO
input
como sentimos a
interação com
o ambiente

CORPO FÍSICO
INTERAÇÃO
por onde percebemos e
reagimos ao ambiente
Nosso eu manifestado
por nossas escolhas
conscientes e inconscientes

Antes de saber como alimentar cada parte do tal corpo CMA, explicarei melhor como ele funciona. Nosso corpo é formado por três partes básicas: física, mental e emocional. A junção do corpo mental com o emocional forma nosso sistema operacional, como gosto de dizer, que gera um corpo físico de acordo com a realidade à qual esse sistema se adéqua, levando em consideração as memórias genéticas e de vivências.

Como você pode ver no gráfico anteriormente, nosso corpo físico é por onde interagimos com o mundo. Enquanto nosso corpo emocional é como percebemos e sentimos o mundo; o corpo mental é como reagimos ao mundo, ou como decidimos interagir. Então, não tem como alimentar só o corpo físico, se o mental não vai bem, se é ele que projeta o físico. E não adianta cuidar do físico e mental, se o emocional não vai bem, se é ele que manda as informações da interação com o mundo e que vão gerar as memórias e códigos do nosso sistema operacional.

Além desses três corpos básicos, também considero mais dois outros: o eletromagnético e o quântico (sobre eles, falarei um pouco mais à frente). Agora, vamos nos deter na alimentação desses três, o que já pode ser uma grande mudança de chave para conquistar sua vida de sucesso.

ALIMENTAÇÃO DE CORPO: A ALIMENTAÇÃO DO NOSSO SISTEMA BIOLÓGICO

Antes de começar este tópico, gostaria de reforçar que, para uma vida de sucesso, precisamos ter um corpo de sucesso, que tenha todas as condições para que aproveitemos tudo que há de mais incrível a nos esperar. E não estou falando de um corpo de modelo ou de musa *fitness*, estou falando de um corpo que se oponha à sua vida de sucesso com dores, dificuldades ou coisas do gênero.

Mesmo que tenha começado meu processo focando no emagrecimento, não me tornei uma musa *fitness* nem é meu objetivo. Mas se for o seu, quem sou eu para questionar o sonho de alguém ou invalidá-lo. A única coisa que sei é que, para conseguirmos curtir nossa melhor vida, precisamos de muita saúde física, mental e emocional. Então, vamos cuidar desse corpo, pois sem ele, não teríamos como acordar todos os dias para viver essa vida que pode ser tão incrível, se assim quiser, sentir, merecer, for grato pelo que já existe, pelo que já foi e pelo que está por vir, entregando para o mundo seu melhor.

Nosso corpo é um sistema biológico que pensa e sente, portanto é importante tratar, cuidadosamente, de cada engrenagem que o faz existir em sua mais ampla forma. Dessa forma, é fundamental entregar o que ele precisa para funcionar bem. Assim como o carro necessita de algum tipo de energia para se movimentar, o nosso organismo também precisa. O grande desafio, no entanto, é definir qual é o melhor combustível.

Será que nosso corpo precisa de *fast food*, refrigerante, margarina, salgadinhos, balas e doces ricos em gordura trans e açúcar? Não, não precisa. E mais: toda vez que você entrega isso para seu organismo, ele tem que ter tempo e ferramentas para lidar com os estragos. E se faz isso o tempo todo, como é que seu corpo fica? Afinal, gordura trans, açúcar, excessos de alimentos ricos em carboidratos de alto índice glicêmico e pobres em nutrientes, industrializados ricos em aditivos químicos para aprimorar a textura, o visual, o paladar e o aroma, e aditivos químicos para fazê-los durar mais, além de qualquer comida em excesso, fazem muito mal ao seu corpo.

"Tudo bem, Saschi, já entendi o que não posso comer. Mas o que eu posso?" Primeiro de tudo, não é questão de poder, e sim do que precisamos, ou seja, o que devemos comer para ficarmos bem. Nosso corpo precisa de macro e micronutrientes para performar com excelência e para se defender ao comer algo que não sirva para nutri-lo. Lembrando que ninguém come de forma 100% saudável o tempo inteiro, é claro – aqui, vale citar as constantes pesquisas que são feitas sobre o que é ou não saudável e como é importante que estejamos sempre atentos a esses estudos, testando nossos próprios limites e entendendo como nosso corpo reage a este ou àquele alimento.

Parte 6: Absorvendo o quinto segredo

Os micro são as vitaminas, minerais, aminoácidos e outros que se encontram em pequenas quantidades nos alimentos, porém com grande importância para o organismo. Já os macro estão em maior quantidade e são eles que formam, juntos, a estrutura dos alimentos, são eles os carboidratos, as gorduras e as proteínas. É muito importante ter uma alimentação equilibrada e condizente com seu biotipo para que seu corpo funcione no seu melhor, por isso é sempre importante buscar o melhor profissional de saúde para ajudá-lo.

O mais importante é comer comida de verdade e não só comer coisas que compra no mercado, ultraprocessados que nem mais alimentos são considerados. Busque descascar mais e desembalar menos. Sei que fica difícil cozinhar todos os dias ou ter alguém que cozinhe para você de forma saudável. Nem eu, que sou chef de cozinha funcional e de alta performance, cozinho todos os dias. É importante você dar importância a se alimentar bem pelo menos em 80% do tempo.

Um corpo bem alimentado tem mais energia, tem menos chances de ficar doente e é mais funcional. E, quando cuida bem do seu corpo, respeitando o que ele precisa, entendendo seus limites e sendo grato por permitir a vida que tem, emite uma informação importante para sua mente e para o Universo de que você é merecedor de vida de sucesso e pode alcançá-la.

Assim como o carro necessita de combustível, nosso organismo também precisa do combustível certo para ser o mais funcional possível e para permitir que a vida de seus sonhos seja bem aproveitada.

32

ALIMENTAÇÃO DE CORPO: COMO INGERIR ALIMENTOS E BEBIDAS PARA SEU MELHOR FUNCIONAMENTO

Como não sou nutricionista nem nutróloga, pedi ajuda para trazer algumas dicas para você ter um norte de como alimentar bem seu corpo. Com a ajuda da minha nutricionista, Renata Ribeiro, e do meu nutrólogo, Renato Lobo, que revisaram todas as informações deste livro, inclusive para que nada fosse dito sem embasamento profissional, vou passar algumas dicas básicas para que se alimente bem tenha uma vida saudável. Porém, o mais importante é que se observe e teste seu corpo com cada mudança, pois somos únicos e cada um reage de forma diferente, até mesmo diante do que é saudável para a maioria das pessoas.

- **Dica de ouro!** Opte por alimentos de alta performance no seu dia a dia. Alimentos ricos em nutrientes e de baixo índice glicêmico (que não fazem seu pâncreas trabalhar muito, produzindo insulina para levar a glicose para as células do corpo, como as dos músculos, cérebro e adiposas).

- **Fibras são o pulo do gato!** Quando for comer outros vegetais fora da lista dos alimentos de alta performance, lembre-se de incluir fibras, como sementes e *psyllium,* no prato para melhorar o impacto glicêmico e, assim, absorver os nutrientes sem o lado negativo que a alta da insulina pode trazer. Para regular o volume de glicose circulante na corrente sanguínea, as fibras solúveis são as mais indicadas para esta função, enquanto a fibra não solúvel ajuda na formação do bolo fecal, que também auxilia o trânsito intestinal. Muitos estudos pós-prandiais (depois da refeição) avaliaram que pratos contendo quantidades suficientes dessas fibras diminuem as respostas da insulina e da glicose.

"Mas como, Saschi?". A presença de fibras solúveis em uma refeição diminui a velocidade de digestão e absorção, fazendo com que a glicose seja disparada aos poucos no organismo, evitando os picos de insulina e garantindo um tempo maior de absorção da glicose. Quando comemos fibras solúveis, elas servem como uma "esponja", pois agem no organismo absorvendo água, formando um gel e capturando parte dos açúcares dos carboidratos. Dessa forma, parte desses açúcares não é absorvida, diminuindo o pico de glicose no sangue.

A fibra também age nos hormônios intestinais. Ao consumir boa quantidade, dispara uma ação desses hormônios e proporciona a melhora da produção de insulina. Além disso, as fibras solúveis são chamadas de prebióticos e podem agir como substrato (alimento) para as "bactérias boas" do intestino, melhorando a composição e proporcionando uma microbiota saudável. E com todo esse processo intestinal, elas aumentam a saciedade no organismo, o que faz com que a sensação de fome diminua. Uma dica interessante é ingerir bastante água com as fibras, pois evitam os gases e ainda contribuem para uma melhor digestão.

Dica extra: quando for comer algo com mais carboidrato de alto índice glicêmico, como um purê de batatas, coloque um pouco de fibras, preferencialmente solúveis, como sementes (o *mix* de gergelim é um bom exemplo) e coma apenas uma pequena quantidade.

- **Aquela dica que você já sabe, mas ainda não colocou em prática.** Não coma industrializados. Descasque mais e desembrulhe menos. O consumo de alimentos industrializados, além de aumentar a soma calórica, não leva nutrição ao organismo. E consumir vários desses alimentos aumenta a inflamação no corpo, causa obesidade e eleva os riscos de doenças intestinais. Algo que vemos bastante são pessoas optarem por esses produtos e deixarem de comer um alimento de alta performance devido à quantidade de calorias (têm medo de comer abacate e preferem um "bolinho pronto *light*").

- **Não espere sentir sede!** Beba 35 ml de água por quilo de peso corporal mais ou menos, ao longo do dia, para que seu corpo tenha como eliminar as toxinas. Inclusive, se sentir fome, lembre-se sempre de beber água primeiro, pois o hipotálamo registra as duas informações da mesma forma. Se a questão for necessidade de comida de fato, vai diminuir essa sensação, fazendo não comer além do desejado, pois alguns mecanorreceptores são ativados após tomar água. Mais um detalhe importante para quem está em busca de emagrecer: a queima de gordura acontece em vias fisiológicas repletas de água; estando realmente hidratado, ajudará no processo.

- **Truque para reduzir a glicose!** Utilize o vinagre de maçã para baixar o açúcar do sangue: uma colher de sopa dele para 200 ml de água em jejum e/ou ao dormir, se estiver com a glicose muito alta (e, como contenção, antes ou durante refeições com mais carboidratos).

"Eu, por exemplo, faço drinks com o vinagre de maçã e tônica quando vou a restaurantes e misturo ainda um limão espremido ou óleos essenciais comestíveis. Isso ajuda a reduzir a velocidade de absorção do carboidrato, melhorando a glicemia e a resposta à insulina. Como o vinagre ajuda a reduzir o índice glicêmico da refeição, você também vai se sentir saciado por mais tempo. Mas não é um milagre, ok? O ideal é seguir uma alimentação adequada na maior parte do tempo."

- **Fique amigo de seu relógio biológico!** Faça a sua maior refeição entre 12h e 14h (baseado na Crononutrição, que investiga os efeitos da alimentação conjugados ao relógio biológico do corpo. Nosso organismo possui um relógio interno que comanda as funções comportamentais e fisiológicas, e esse é o melhor horário, quando seu corpo está mais preparado para digerir a comida). Aproveite esse momento para comer mais proteínas e gorduras boas.

Da mesma forma, faça a sua última refeição entre 18h e 20h, com alimentos ricos em triptofano e que ajudam na produção de melatonina (hormônio do sono), como castanha-do-brasil, sementes de abóbora, chocolate amargo, cúrcuma, frutas cítricas, peixes, carnes magras, leites, ovos, iogurte, camomila, chá verde, cereja, leite de amêndoas, leite de vaca (ideal consumir com fibras), nozes e aspargos.

- **Praticidade é fundamental para não furar a rotina!** Tenha sempre receitas "salva-vidas" prontas e congeladas para os dias de preguiça e de correria, como uma massa de pizza, um salgado, um pãozinho ou um brigadeiro. Mas receitas como as que eu faço, com ingredientes funcionais e de baixo índice glicêmico, ok? Você pode encontrar boas opções no meu Instagram, @canaldasaschi, ou no meu site, saschi.com.br. No final do livro, vou deixar um QR Code para você baixar um *e-book* com algumas receitas.

- **Estômago saciado trabalha a nosso favor!** Durante as refeições, coma primeiro vegetais folhosos e legumes ricos em fibras e baixos em amido para garantir os micronutrientes (vitaminas e minerais) e trazer fibras para ajudar na saciedade; logo depois, ou até junto, proteínas animais e/ ou vegetais, como carnes de todos os tipos, proteína de ervilha, cogumelos, tofu, ovos, folhas, sementes e castanhas; depois, o que tem mais carboidrato. Isso ajuda a se sentir saciada e pode ser até que sinta que nem precisa de todo o carboidrato que colocou no prato (muito menos repetir). A proteína atua produzindo maior estímulo hormonal, fazendo com que a sensação de saciedade dure por mais tempo. Ela é digerida de forma mais lenta, controla o apetite e ajuda a diminuir a vontade de comer fora de hora. As proteínas auxiliam, também, na produção de serotonina, um neurotransmissor relacionado ao humor que, em níveis baixos, está ligado a uma vontade maior de comer açúcar.

- **Coma devagar e exercendo o *mindfulness*!** Essa mudança de hábito parece tão simples, mas é uma das mais difíceis. Mesmo sendo fundamental. Quando for comer, coma! Não faça outra coisa além de vivenciar essa ação tão importante. Perceba cores, formas, aromas, sabores, texturas e até os sentimentos que são envolvidos para cada parte de sua refeição. Aproveite, ainda, para praticar a gratidão e o merecimento que existe nesse momento tão importante, já que, na maior parte do tempo, a gente come e nem percebe.

Essas são algumas dicas que sigo e que achei válido dividir com você. Mesmo tendo sido validado por minha nutricionista e meu médico, os quais me ajudaram a entender como meu corpo poderia funcionar melhor, busque sempre ajuda profissional para construir sua rotina alimentar de sucesso.

33

ATIVIDADES FÍSICAS: O PODER DE SE MOVIMENTAR

Nosso corpo não foi feito para ficar parado. Ele é composto de músculos, ossos e articulações que precisam estar sempre em movimento para ficar saudável. Você conhece alguém que tenha ficado acamado por um tempo considerável? Eu conheço. Eu mesma tive que ficar dois meses sem colocar o pé no chão, fazendo tudo na cama, durante a gestação da minha filha, que estava querendo nascer antes do tempo por conta de uma Incompetência Istmo Cervical (o colo do útero não aguentava o peso dela e estava se abrindo antes do tempo).

Quando ela nasceu, tive que reaprender a ficar em pé, mas tinha perdido boa parte da minha massa muscular. Então, além de desmaiar toda vez que tentava me levantar, era difícil me manter na posição. É o mesmo processo que acontece com os astronautas quando vão para o espaço. Por falta da gravidade, que obriga o uso do nosso tecido muscular e ósseo, quando eles voltam à Terra, têm que entrar em reabilitação, pois perdem muita massa muscular e óssea. Ou seja, quanto menos você utiliza a capacidade total do seu corpo, menos tem um corpo eficiente.

Não é à toa que indico ter escadas na casa de pessoas que pensam em envelhecer nela. Sim! Isso mesmo que você leu. Já trabalhei com construção e sempre ouvi de alguns que era melhor ter casa térrea para pessoas acima de 60 anos; eu discordo. É claro que isso depende muito da pessoa e de suas necessidades individuais, mas se não houver nenhum problema de locomoção, não é preciso realmente se privar desse exercício diário. Provavelmente, essa necessidade de subir e descer escadas todos os dias pode ser a chave para deixá-lo funcional por bem mais tempo.

Construí minha casa aos 44 anos, assim como meu marido, e tenho 3 lances de escadas, que ligam o térreo ao segundo andar; depois a um mezanino no andar superior, que leva até nossa cama. Muitos me acharam louca ao fazer isso, pois envelheceríamos. Enquanto eu estiver me exercitando, mesmo que seja subindo e descendo escadas, sei que meu corpo enfrentará melhor a passagem do tempo se mantendo mais funcional. E com o passar dos anos, se um dia for necessário, construirei um elevador ou passarei meu quarto para baixo. Afinal, acredito que viver pensando que lá na frente não terei mais condições de subir uma escada é acelerar essa possibilidade, e eu quero viver além dos 100 anos e com saúde. Se bem que, depois que descobri que existiu um homem que viveu mais de 200 anos, acho que vou subir a meta.

Busque sempre uma forma de estar em movimento, seja caminhando, dançando, fazendo esportes, yoga, subindo escadas ou treinando na academia, mas faça sempre algo. Vale destacar, porém, que depois dos 40, é muito importante a musculação para manter o nosso esqueleto firme e por outros inúmeros benefícios. Vale buscar saber mais.

Cada corpo é único e o importante é achar o que funciona para você, contanto que esteja sempre em movimento.

34

SOMOS SERES QUE PRECISAM DA NOITE E DO DIA

Você já parou para pensar na importância de respeitarmos a noite e o dia na nossa vida? Muita gente, por conta do tipo de trabalho, não consegue respeitar o ritmo biológico natural que nos conecta com esse constante despertar e adormecer do planeta, mas nosso corpo foi feito para seguir o movimento do Sol, para sobreviver e para evoluir respeitando as regras da natureza dele. Deixar isso de lado acaba trazendo um monte de malefícios que não só engordam e adoecem, mas também desencadeiam processos de ansiedade, depressão, além de prejudicar o próprio desenvolvimento físico.

Para que nosso corpo performe bem, precisamos de micro e macronutrientes, além de hidratação, de respiração, de movimento, de pegar sol e descansar. Se qualquer uma dessas questões for negligenciada, seu corpo e você sofrerão as consequências. Respeite seu corpo.

Por isso, precisamos falar do nosso astro rei e sobre nossos horários de sono, quando o tema é nutrir nosso corpo com o que há de melhor. O Sol é importante para a vida do nosso planeta e para todos nós. Sem ele,

Parte 6: Absorvendo o quinto segredo

não teríamos a fauna e a flora tão rica e a nossa existência, assim como somos hoje, seria impossível. Tomar sol diariamente não só ajuda a ativar a vitamina D, também é fundamental para nos deixar mais felizes e livres da depressão. Ele ajuda a dormir melhor, auxilia na respiração celular, melhora a homeostase térmica, ou seja, a troca de calores entre o corpo e o meio ambiente e ainda tem efeito antibiótico e anti-inflamatório.

Mas nem tudo se resume ao dia. A noite é tão importante quanto. Dormir, principalmente à noite, é de grande importância para o funcionamento do nosso corpo e, assim como o sol, os reflexos não só são percebidos na parte física, mas também na parte mental e emocional. Dormir bem ajuda a manter a saúde em dia. Os principais benefícios de uma boa noite de sono são a redução do estresse e do cansaço durante o dia, além de controlar o humor.

Além disso, alguns estudos já mostram a relação da falta de sono com o desenvolvimento da obesidade, pois dormir bem controla o apetite por conta de aumentar a produção de leptina (hormônio da saciedade) e diminuir a produção de grelina (hormônio da fome). É durante o sono que produzimos a melatonina, que tem benefícios inúmeros para nossa vida, sendo um dos principais deles o poder antioxidante, que mantém nossa saúde em dia, sendo considerada um hormônio anticancerígeno.

E mais: dormir mal nos deixa mais esquecidos, com a pele ruim, com dificuldade de raciocínio e com o sistema imune mais fraco. Acho que consegui dar vários motivos para investir em uma boa noite de sono para viver o melhor de sua versão de sucesso, não é?

Ter um corpo e não aproveitar seu total potencial é como comprar um *smartphone* de última geração só para fazer chamadas de voz.

35

HÁBITOS DE SUCESSO DA SASCHI

Com o tempo, incorporei alguns hábitos na minha rotina diária para alcançar a minha vida de sucesso, ampliando meu merecimento, minha gratidão, meu respeito próprio, meu autoconhecimento e minha alta responsabilidade e propósito. Vou compartilhá-los com você agora.

Esses são meus hábitos, mas fique à vontade em incorporar os que fizerem sentido, na sua vida e, se puder, depois me conte como está sendo a conquista de sua versão de sucesso, por meio do *direct* ou de comentários no Instagram da @gratifulness ou do @canaladasaschi.

- Começo meu dia dando "bom dia" para meu corpo e sendo grata a ele e a tudo e todos que permitiram ser quem sou e estar onde estou, além de ter conquistado tudo que conquistei até aqui. A gratidão tem que estar na nossa vida o tempo todo, mas com a vida corrida, muitas vezes, esquecemos de praticá-la. Então, criei uma rotina para tê-la de forma consciente ao acordar e ao dormir.

- Faço minha rotina de gratidão que inicia ainda na cama, sem nem ter aberto os olhos. Imagino como meu dia será maravilhoso e bem-sucedido em tudo que me propus a fazer. Em como farei boas escolhas nas minhas atividades, no meu trabalho, como mãe, esposa e parceira; em como finalizarei o dia orgulhosa, feliz e grata pelo dia incrível. Normalmente, aqui já me sinto grata como se tudo já tivesse acontecido.

- Raspo a língua todos os dias pela manhã antes de escovar o dente. Parece besteira, mas fazer isso elimina a saburra lingual gerada à noite, durante o processo de limpeza do corpo realizado no fígado. Retirá-la evita o mau hálito, a proliferação de bactérias nocivas à saúde bucal e intestinal, melhora o paladar. Faça isso, ainda em jejum, antes de sua primeira higiene bucal, com um raspador de língua de inox ou de cobre ou, se não tiver, use uma colher.

- Tomo um copo de água com vinagre de maçã e açafrão da terra ou cúrcuma de 400 ml para alimentar bem minha microbiota antes de começar efetivamente a me alimentar e para manter minha imunidade alta. Faço isso depois da raspagem da língua e da higiene bucal (para evitar que os resíduos da saburra lingual voltem para o corpo). Ao dormir, tomo um copo de 200 ml de água pura, para ajudar meu organismo a se manter hidratado durante a noite.

- Costumo consumir fontes de fibras em todas as refeições. Caso não haja naturalmente, acrescento um *mix* que sempre tenho na bolsa com sementes variadas. Alimentos como chia, linhaça e *psyllium*

Parte 6: Absorvendo o quinto segredo

são excelentes fontes de fibras e as sementes também são ricas em vários micronutrientes.

- Medito de 20 a 30 minutos por dia, pela manhã.

- Bebo água até meu xixi ficar transparente, ou seja, 35 ml por kg. Para você saber a quantidade, por exemplo, se tiver 70 kg, beba 35 x 70 = 2450 ml.

- Sorrio sempre, mesmo que não tenha qualquer motivo para tal ato. Sempre que possível, busco dar uma boa gargalhada, nem que seja vendo um besteirol na TV. O simples ato de fazer um sorriso, mesmo que falso, estimula a produção de endorfina, que traz a sensação de bem-estar, ajuda na saúde física, mental e emocional, estimula o sistema imunológico, além de outros inúmeros benefícios.

- Observo diariamente meu cocô. Parece brincadeira, mas ele diz muito sobre a gente. O ideal é que seja uma pasta espessa e contínua, que quase não suje, ou realmente nem suje o bumbum nem a privada, e que saia de uma vez. Se ele tiver formato de bolinhas secas ou de uma salsicha com rachaduras, quer dizer que seu trânsito está mais lento. Isso pode acontecer por alguns motivos, como ausência de fibras e pouca ingestão de líquidos, por excesso de consumo de farinha branca e carboidratos refinados, ou, ainda, excesso de proteínas com falta de hidratação. Avalie qual pode ser seu caso, mude sua rotina e veja a diferença. Agora, quando suas fezes estão mais moles e até com aspecto diarreico, quer dizer que seu trânsito intestinal está muito acelerado, o que pode acontecer por uma dieta rica em carboidratos refinados ou em gorduras ruins, como frituras; é melhor você reavaliar o que anda comendo. Caso esse tipo de fezes seja constante para você ou tenha períodos de fezes mais secas e outros mais diarreicos, vale avaliar se não tem nenhuma intolerância alimentar ou uma disbiose intestinal (desregularização das bactérias boas e más do intestino). Existem testes para isso; vale verificar, se for seu caso. O mais importante é entender que, se seu cocô não está bem, sua absorção de nutrientes também não vai bem. Por isso, ficar de olho no cocô faz parte do meu hábito de sucesso. Afinal, de que adianta se alimentar bem, se o que você come não está sendo absorvido da forma certa, não é mesmo? Importante buscar uma ajuda profissional se as fezes não parecem ideais por um tempo.

- Busco tomar sol sempre que dá, de 5 a 15 minutos, com as palmas das mãos viradas para cima, pois tanto na palma das mãos como na planta dos pés existe uma camada extra de células chamada *lâmina lúcida*, que tem terminações nervosas livres que captarão a energia fotônica solar e levarão para os cromossomos. Esse ato potencializará os benefícios dessa exposição, como ativar a vitamina D, manter longe o mau humor, melhorar seu ciclo do sono e a imunidade, auxiliar na respiração celular, melhorar a homeostase térmica e terá efeito antibiótico e anti-inflamatório.

- Dê preferência à comida de verdade, de baixo carboidrato e índice glicêmico, rica em micronutrientes, ou seja, alimentação de alta performance.

Parte 6: Absorvendo o quinto segredo

- Acordo muito cedo para muitas pessoas, por volta das três da manhã, com o foco em me aprimorar como pessoa, como já falei anteriormente, mas você não precisa acordar nesse horário para alcançar sua versão de sucesso. Mas se fosse recomendar um horário para você, falaria para acordar de 30 minutos a uma hora mais cedo do que habitualmente acorda para se dedicar a si mesmo, seja para cuidar de seu corpo físico, mental ou emocional. Além de fazer bem, vai mandar uma mensagem para seu cérebro e para o Universo que tem um alto merecimento e que já não é a mesma pessoa de ontem, que só obteria os mesmos resultados de ontem.

- Faço caminhadas ao ar livre sempre que posso. Essa atividade é, comprovadamente, uma ótima forma de se conectar consigo mesmo, pois ajuda a trazer alívios psicológicos e ativa o cérebro, ajudando a solucionar problemas ou a trazer novas ideias para sua vida, como um novo negócio, por exemplo.

- Normalmente, não bebo durante as refeições para não atrapalhar a digestão, principalmente bebidas geladas.

- Busco dormir até, no máximo, as 22h, para que eu tenha bastante tempo de sono REM, que é o sono mais profundo e que ajuda na consolidação da memória e da aprendizagem, além de garantir a produção de melatonina importante para ter um corpo saudável. Mesmo não dormindo de 7h a 8h por dia, tenho muito mais energia hoje ao dormir cedo e acordar mais cedo. E ainda dizem que as horas antes da meia noite contam como duas. Então, estou bem.

- Aproveito, antes da hora de dormir, para fazer o exercício da gratidão futura e da visualização das coisas que quero para minha vida, ouvindo uma música relaxante ou só visualizando mesmo, ainda agradeço pelo dia.

- Cortei ao máximo de minha vida açúcares e adoçantes artificiais, farinhas brancas e ricas em amidos de alto índice glicêmico, glúten, óleos vegetais (menos azeite de oliva, coco, abacate, chia e linhaça), margarina, refrigerantes, alimentos enriquecidos, soja (fora a versão fermentada como shoyu e tofu), embutidos, alimentos *light*, *diet* e zero, alimentos cheios de aditivos químicos para melhorar aparência, cor, textura, sabor e para dar mais validade. Todos esses são alimentos inflamatórios, que vão atrapalhar a minha saúde.

- Opto, sempre que possível, por produtos orgânicos e por frutas da temporada. Infelizmente, no nosso país, é permitida uma enorme gama de venenos para sustentar o agronegócio. Então, se puder não ingerir veneno, é sempre melhor, né?

- Leio, vejo um vídeo ou ouço um *podcast* de 30 a 60 minutos todos os dias de manhã sobre algo que me faça uma pessoa melhor. Quando é fim de semana, acabo me dedicando mais a isso.

- Faço ioga, treino na academia ou qualquer tipo de movimento praticamente todos os dias pela manhã de 15 a 60 minutos. Lembre-se de que nosso corpo não nasceu para ficar parado e isso inclui ficar frente do computador ou da televisão por muito tempo.

Parte 6: Absorvendo o quinto segredo

- Evito comer perto da hora de dormir para não atrapalhar o sono. Busco fazer minha última refeição até três horas antes do sono.

- Paro e centro toda vez que algo ruim acontece. Antes de qualquer coisa, busco me reconectar com a gratidão e senti-la por aquele momento, para evitar que meu dia acabe por conta de coisas que não merecem; nada nem ninguém merece o poder de acabar com meu dia.

- Tomo banho gelado todos os dias pela manhã. Se pensar em adquirir esse hábito, comece tomando um banho morno e, por pelo menos 15 segundos, deixe a água gelada cair na cabeça, principalmente na parte logo abaixo da nuca, onde a gordura marrom se concentra, para ativar, assim, a queima de gordura. A gordura marrom é rica em mitocôndrias, que são nossas usinas de energia; ao contrário da gordura branca, que só estoca energia. Com isso, a gordura marrom é ativada e ajuda a controlar os níveis glicêmicos, evitando diabetes, pré-diabetes, síndrome metabólica entre outros problemas.

- Fico de cócoras sempre que posso. Essa posição ajuda muito no bom funcionamento do nosso corpo. Além de ajudar a manter uma boa mobilidade em várias partes do corpo (mobilidade é tão importante quanto o fortalecimento de músculos e estrutura óssea), essa posição relaxa a região lombar e ajuda no trânsito gastrointestinal. Inclusive, é uma ótima dica para dias em que você está com prisão de ventre. O certo seria conseguirmos ficar nessa posição mesmo em idade avançada, pois isso é sinal de saúde e bem-estar.

O sucesso de ser você!

Esses são alguns dos hábitos que fui conquistando com o tempo e não são a verdade absoluta para todos. São os que encontrei para me aproximar da minha versão de sucesso. Provavelmente, você terá hábitos diferentes e até mais saudáveis que os meus e ficarei feliz em saber deles. É só me mandar mensagem no Instagram @gratifulness ou @canaldaasaschi. Estou sempre aberta a mudanças. Se compartilhar comigo suas conquistas, quem sabe não as incorpore em minha vida. Lembre-se de que estamos todos conectados, e a minha evolução é sua, assim como a sua também é minha.

36

ALIMENTAÇÃO DA MENTE

A mente é o local em que todos os sonhos nascem, mas também todos os medos se criam. Então, mantê-la sempre bem alimentada, estimulada e treinada pode levá-lo aonde quiser, mas o contrário é tão verdadeiro quanto. Se deixar sua mente mal alimentada e sem controle, ela pode virar sua âncora e alcançar seus sonhos, tornando-os impossíveis.

"Saschi, como consigo alimentar minha mente?" É preciso entender do que ela se alimentou até então. Depois, limpar ou substituir crenças, cicatrizes e memórias que o trouxeram para onde não gostaria de estar. Por fim, é importante fornecer conhecimento, pensamentos e novas memórias, fazendo com que seu cérebro acredite que você é o que quer ser.

Nossa mente é parte do nosso sistema operacional e, com nosso corpo emocional, determina como agimos e reagimos diante do mundo. Ela é formada desde que começamos a existir como embrião, pela memória genética proveniente de nossos pais; depois se junta à memória de nossas vivências, que começa a se formar desde a barriga da mãe a partir da terceira semana de gestação, mais ou menos, montando uma série de programas que fazem sermos quem somos.

Até o sexto ou sétimo ano, mais ou menos, não temos uma mente analítica formada, e isso faz com que aceitemos facilmente falas, gestos e atitudes de quem mais confiamos, principalmente de nossos pais. Então, se temos um pai pessimista que sempre nos dizia, quando pequenos, que não nascemos para ser ricos, que isso é só para os outros, provavelmente crescemos acreditando nisso, mesmo sem pensar sobre, e nos boicotamos todas as vezes que a prosperidade se aproxima de nós. Esse tipo de coisa fica no nosso inconsciente e, geralmente, sozinhos, não conseguimos acessar, por isso ter uma ajuda externa pode ser válida. Embora não seja impossível conseguir isso sozinho com muita meditação.

Vale ressaltar que não é somente até os seis ou sete anos que nosso sistema operacional se forma. Ele vai se formar até uns 35 anos, mas, em geral, quanto mais marcantes forem as vivências e quanto mais cedo tenham sido vividas, mais difícil mudá-las. Hábitos recentes do nosso modo de ser são sempre mais fáceis de ressignificar do que hábitos mais consolidados.

Nossa mente quer sempre que estejamos certos. Ela trabalha 24 horas por dia para isso, desde nosso período de plena consciência, como também durante o sono. Mas o problema é que nem sempre sabemos direito o que queremos e, pior, ficamos repetindo para nós mesmos o quanto somos incapazes de chegar aonde sonhamos. E isso, além de nos depreciar em vários aspectos, faz com que a mente trave o caminho até nossas conquistas.

Parte 6: Absorvendo o quinto segredo

Se diz para si mesmo, constantemente, que não consegue guardar ou acumular dinheiro, emagrecer ou que não nasceu para ser feliz no amor, mesmo que isso seja uma forma de se defender de novas desilusões, se transformará em sua verdade. Do mesmo modo acontece, se disser que merece ser saudável, que consegue ser próspero ou que nasceu para ser amado. Isso também fará com que sua mente aproxime-o cada vez mais desta realidade.

Assim como nosso corpo reflete os anos e até as décadas de maus-tratos e descaso – seja por falta de conhecimento ou questões emocionais e mentais, pelo surgimento de diabetes tipo 2, rugas precoces, órgãos debilitados, pele ruim e outras questões que deveríamos pensar antes de tratá-lo tão mal –, a nossa mente também reage assim ao saber o que fizemos de errado. E o que isso acarreta é tão ou mais importante do que nossas atitudes para fazer com que ela aja a favor do que desejamos. Então, vamos, agora, entender cada parte do processo de reformatação da nossa mente para que o ajude a alcançar sua melhor versão, assim como alcançar todos os seus sonhos.

37

COMO VOCÊ ALIMENTOU SUA MENTE ATÉ AQUI?

Entender por que se boicota é o primeiro passo para mudar seus pensamentos e colocá-lo na direção de sua vida de forma consciente, para alcançar o corpo que tanto deseja e a vida de seus sonhos.

Quais crenças você criou? Quais memórias ativaram essas crenças? Como elas se tornaram cicatrizes que sua mente resolveu privar de reviver? Responder a essas perguntas é o primeiro passo para entender sua mente e, assim, conseguir, efetivamente, reformatá-la.

Avalie o que constantemente diz para si mesmo quando faz algo errado. Como você se xinga ou se repreende? O que pensa nesses momentos? Depois, tente entender o porquê de repetir essas atitudes. Você via alguém fazendo isso consigo mesmo, ou alguém lhe dizia com frequência essas afirmações no passado? Quando toma consciência do porquê faz o que faz, fica muito mais fácil mudar. É por isso que o autoconhecimento é tão importante.

Analise também suas crenças limitantes, tudo em que acredita e faz ficar cada vez mais longe de suas conquistas como, por exemplo, que não

Parte 6: Absorvendo o quinto segredo

nasceu para ser magro ou para ser rico, que não merece ter uma relação saudável com alguém que ama e o ama de volta, que é uma pessoa preguiçosa, que não consegue viver sem comer *fast food*, que é um fracassado, uma pessoa frágil e por aí vai.

Por fim, observe suas cicatrizes e memórias, que fazem com que evite situações que poderiam ser positivas hoje, mas que lá atrás causaram tanta dor que a chance de sentir aquilo novamente faz com que sua mente o impeça de viver coisas que seriam incríveis. Por exemplo, uma forte turbulência que vivenciou em um voo no passado, mas que hoje o impede de pegar um avião novamente, seja para realizar seu sonho de ser piloto ou comissário de bordo ou até mesmo de viajar para conhecer lugares novos. Se focar no problema e não em tudo o que já viveu de bom por andar de avião, sua mente ficará sempre travada na experiência ruim e é aí que a gratidão vai ajudar.

Pensar na gratidão de cada segundo que ainda pode experimentar ao andar de avião outras vezes vai distanciá-lo do lado ruim. Lembre-se de onde você pode ir e o que pode viver em outros lugares; do prazer de ver tudo pequenininho lá do alto, podendo ter uma dimensão de mundo que nunca teria sem fazer um voo; entre outras sensações boas.

Para colocar em prática, escreva em um papel tudo o que pensa sobre você ou sobre a vida em geral, e o que o distancia de se tornar sua versão de sucesso. Depois, aos poucos, busque a origem de cada situação apontada. À medida que encontrar respostas, coloque ao lado de cada crença antes de seguir a leitura.

O sucesso de ser você!

É importante entender que nem todo mundo consegue fazer a busca sozinho e que a ajuda de algum profissional é sempre bem-vinda. O que não pode é não fazer nada, pois você merece tudo, e sei que, ao final deste livro, conseguirá, pelo menos, acreditar um pouco mais nisso e tomar as primeiras atitudes para ir ao encontro de sua versão de sucesso.

Entender o presente e o passado de sua mente faz com que ela vire sua melhor ferramenta para alcançar o futuro que sempre sonhou.

COMO REFORMATAR SUA MENTE?

Depois de entender o porquê de sua mente agir como age, colocando-o em um lugar em que não está satisfeito e que nunca sonhou no passado, você estará mais perto de fazer sua atualização, com direito, inclusive, a um *upgrade* e tudo mais. Isso o deixará cada vez mais próximo do que sempre imaginou – ou que passou a imaginar depois de ler este livro – e elevará seu nível de merecimento.

Existem algumas formas muito poderosas de reformatar cada questão de sua mente, mas aqui falarei de duas que gosto muito e que são mais fáceis de colocar em prática, mesmo para quem nunca se aprofundou no assunto. Uma delas é ressignificar essas crenças e a outra é preencher sua mente com outras crenças positivas que a antiga acaba sendo expulsa ou esquecida.

Ressignificar crenças é pegar algo em que acredita, mas tem atrapalhado sua vida e impedido suas conquistas, mudar a forma como sua mente lida com aquilo. Por exemplo: se crê que dinheiro só traz discór-

Parte 6: Absorvendo o quinto segredo

dia, pegue a lembrança que o fez validar a afirmativa, analise e veja se foi realmente o dinheiro que fez a briga acontecer ou se foi o jeito que cada um dos envolvidos lidou com ele. Lembre-se de todas as vezes que o dinheiro, em vez de trazer brigas, ajudou a viver coisas que trouxeram ótimas experiências e sentimentos. Então, conecte-o a esses sentimentos bons e reformule sua afirmativa, dizendo para si que o que faz o dinheiro trazer boas ou más experiências é a forma como as pessoas lidam com ele e como o dinheiro permite às pessoas viver coisas incríveis.

Eu sempre prefiro as frases que me conectam positivamente ao que quero mais na minha vida, como dinheiro ou prosperidade, saúde, família unida, amor e felicidade, pois é mais fácil me ligar ao sentimento que procuro. É com a ajuda das emoções que conseguimos atrair para nossa realidade as coisas, pois as emoções são magnéticas, energias atrativas. Lembra o que conversamos no início do livro sobre criarmos na mente e materializarmos ou atrairmos para a realidade no coração?

Outra forma de fazer isso é trazer crenças positivas pela mesma questão, que, em algum momento, o sentimento ruim e mais antigo não terá mais espaço. Voltando a usar o exemplo da crença anterior de que o dinheiro só traz discórdia, pense em tudo de bom que o dinheiro pode trazer e escreva em um papel. Relembre isso por vários dias, sempre conectando ao sentimento para fortalecer o exercício. Pense, por exemplo, na frase "o dinheiro me permite viajar". Ao ler isso para você em voz alta, visualize uma viagem que fez e que trouxe muito prazer. Outro exemplo: "O dinheiro me permite dar uma boa educação para meus filhos". Visualize seus filhos fazendo algo que só a escola teria permitido e, assim, comece a criar crenças fortes e positivas em sua mente. Escreva o máximo que conseguir e leia, sentindo as novas crenças por 21 dias, sem pular um dia sequer.

Existem outras técnicas e, se quiser se aprofundar, vale buscar profissionais sérios da área, do mesmo jeito procurei para mim e para apoiar outras pessoas nos meus cursos.

Nós somos o que pensamos e sentimos que somos, nem mais, nem menos.

COMO FAZER SUA MENTE TRABALHAR PARA VOCÊ?

Depois de entender como sua mente chegou ao estágio que está hoje, conhecer como ela funciona e ter dado uma reformatada e melhorada nela, está na hora de fazer com que passe a jogar em seu time 100% do tempo. Nossa mente é incrível e é nela que criamos a nossa realidade. Somos e vivemos o que nossa mente pensa sobre nós, seja pelo lado profissional, amoroso e até mesmo físico, que é uma criação da nossa mente, aliada à genética, ao nosso corpo emocional e ao meio em que escolhemos viver.

"Ah, Saschi, então quer dizer que estou em dificuldades financeiras porque minha mente criou isso para mim?" Sim. De certa forma, sim. Você é totalmente responsável por estar onde está. Assim como está acima do peso, porque sua mente quis assim – mas acredito que já tenha entendido isso se leu o livro até aqui. Se a mente cria nossa realidade, e ela é "nossa", por que não estou aonde queria estar? Porque você quis, mas não desejou. Lembra o capítulo, lá no começo do livro, em que digo que querer e desejar são bem diferentes e a gente tem que aprender a desejar mais e melhor?

Parte 6: Absorvendo o quinto segredo

A sua mente precisa enxergar você e sua vida do jeito que deseja, mas, para isso, é preciso ajudá-la, pois se deixar seus medos, sua baixa autoestima, a falta de merecimento, as crenças limitantes, a falta de gratidão, a falta de respeito próprio e com os outros o controlarem, sua mente entregará o reflexo de tudo isso. E, consequentemente, desejar o que realmente quer ficará cada vez mais difícil. Só restará o querer, que não tem força transformadora nenhuma e o fará rodar em círculos, sempre voltando ao mesmo lugar que não agrada. Lembrando que, para cocriar sua vida de forma consciente, é necessário mente e emoções em coerência, falando a mesma língua.

Afirmações sobre como você deve ser e merece ser ajudam muito no processo. Eu mesma digo afirmações até hoje, diariamente, e continuarei dizendo até o fim de meus dias, pois estamos sempre sendo colocados à prova de tudo o que desejamos, nos desequilibrando muitas vezes. Repito também um mantra que tenho e que me faz lembrar quem eu quero e mereço ser.

Busco, de tempos em tempos, recitar esse mantra que vou dividir com você. Fique à vontade para usá-lo na íntegra ou mudá-lo como achar melhor. O importante é isso ser fácil para que soe cada vez mais como verdade e não um simples querer.

Mantra da Saschi

Eu sou a gratidão.
Cada célula do meu corpo vibra gratidão.
Eu vivo intensamente e completamente a gratidão em minha vida.

Eu mereço a gratidão.
Eu sou o merecimento de tudo o que é bom.
Cada célula do meu corpo vibra o merecimento de tudo o que é bom.
Eu vivo intensa e completamente o merecimento de tudo o que é bom em minha vida.
Eu mereço o merecimento de tudo o que é bom.
Eu sou a saúde e a vitalidade.
Cada célula do meu corpo vibra saúde e vitalidade.
Eu vivo intensa e completamente a saúde e a vitalidade em minha vida.
Eu mereço a saúde e a vitalidade.

E, assim, sigo usando palavras como felicidade, amor, prosperidade, equilíbrio, sucesso, abundância financeira etc. Também vario, dependendo do dia.

Para você entender o porquê dessas frases, vou explicar melhor o intuito de cada uma delas. Começando com o "eu sou", já que é uma afirmação muito poderosa, que o conecta à essência do sentimento por inteiro. Muito mais forte do que se sentir grato, é você ser a própria gratidão.

Quando falo que cada célula do meu corpo vibra gratidão, por exemplo, digo que não só sou a gratidão, mas vibro para fora de mim essa energia, inundando tudo e todos a minha volta com o mesmo sentimento, fazendo valer a ideia de crescer e fazer crescer como sempre digo. Atraímos para perto de nós o que vibramos. Então, se vibramos gratidão, atraímos mais da energia para perto de nós, seja fortalecendo o sentimento ou pessoas vibrando na mesma sintonia.

Parte 6: Absorvendo o quinto segredo

Seguindo no mantra, digo que vivo intensa e completamente a gratidão ou o sentimento em questão na minha vida, ou seja, não só espalho, mas pratico de forma inteira e intensa o mesmo sentimento. Por fim, quando digo que mereço o sentimento ou o que quer que use em seu lugar, afirmo ao Universo e à minha mente a confiança no meu merecimento. E, como você já sabe, sem ele, nada se concretiza. Então, eu sou, eu emano e atraio, eu pratico e eu mereço.

Levando as afirmações para sua maior dor em questão, seja emagrecer, ter abundância financeira ou ter uma relação construtiva e amorosa, lembre-se de tudo que o impede de alcançar seu objetivo, o que faz se boicotar e crie seu mantra com emoções e sentimentos que o ajudem a fortalecer sua mente nesse novo formato de sucesso, como:

Eu sou a prosperidade.
Eu sou a força e a determinação.
Eu sou a abundância financeira.
Eu sou a coragem.
Eu sou a harmonia e o equilíbrio.
Eu sou o sucesso.

Lembre-se de nunca usar o "não" em suas afirmações, dizendo frases como "eu não sou gulosa" ou "eu não sou ansiosa". Mais um detalhe: não é que a palavra *não* seja reconhecida por nosso cérebro, como muitas pessoas dizem, é que, por exemplo, ao dizer que não é ansiosa, o que vem primeiro na sua mente? A ansiedade, ou momentos em que foi ansioso, é por isso que o "tiro sai pela culatra", pois o cérebro acaba entendendo o contrário do que você gostaria, buscando referências de ansiedade.

É importante entender que nosso cérebro não é uma inteligência artificial, mas um *hardware*. E nossa consciência é o programador dos *softwares ou sistema operacional* que direciona a capacidade de armazenamento de nosso cérebro na direção que queremos, dando funções a ele.

40

O PODER DA VISUALIZAÇÃO

Além das afirmações, a visualização é uma das estratégias mais poderosas que já coloquei em funcionamento. Meu emagrecimento, conseguir conciliar trabalho com propósito, assim como a conquista da minha casa são a concretização de meses e meses desta prática.

Nunca vou me esquecer da visualização que fazia da minha casa, quando ainda tinha muitas dívidas, por conta da minha falência. E menos de um ano depois, consegui comprar a propriedade que queria e no terreno dos meus sonhos.

O nosso cérebro não sabe diferenciar o que é real do que é imaginação e temos que usar isso a nosso favor. Por isso, digo que essa é uma das técnicas que mais uso desde que decidi mudar minha vida por completo.

Embora a visualização comece na mente, não se torna efetiva sem tocar o coração, seu corpo emocional. Para isso é necessário prática e mais prática, pois nosso lado racional, principalmente, para algumas pessoas, acaba boicotando a atitude tão fortemente que fica difícil lidar. Inclusive, durante as afirmações, ele trabalha contra. Mas nada que a repetição, a conexão com o coração (suas emoções) e o desejo real não vençam.

Para visualizar, vou usar o emagrecimento como foco e usarei as minhas questões como exemplo, mas você pode usar esta ferramenta para tudo o que desejar. O ideal é que esteja sentado, para não dormir, e com as costas eretas, em posição de meditação, respirando profundamente por algumas vezes, mas prestando atenção no ar que entra e sai, até acalmar um pouco a mente, entrando em módulo meditativo. Quando se sentir com a mente mais silenciosa, comece a criar o cenário de seu corpo ideal, não só como seria fisicamente, mas como se comportaria com tudo à sua volta. Não se esqueça de que o lado racional de nosso cérebro é um grande sabotador. Então, faça visualizações em que acredita de forma racional e que sejam possíveis dentro de sua racionalidade e limitação atual. Não adianta ter uma estrutura grande como a minha e querer alcançar o corpo de uma mulher com estrutura pequena e super fina. Se eu tivesse feito isso, meu cérebro não conseguiria registrar isso com facilidade e poderia até me fazer desistir. Portanto, para escrever o livro de sua vida, sonhe em capítulos e não com o final do livro de uma vez.

Imagine seu corpo mudado, como você se sente ao olhar no espelho, como brinca com mais fôlego e mais disposição com seus filhos, como namora melhor seu amor, como acorda com mais vontade de fazer as coisas, como está fácil para escolher uma roupa que caia bem, como consegue cruzar as pernas, como seu corpo está saudável, como consegue escolher melhor a alimentação, como faz algum exercício com prazer. Imagine você fazendo tudo o que o excesso de peso não permite e que gostaria de fazer,

Parte 6: Absorvendo o quinto segredo

ou que fazia quando estava com menos peso. Não foque só no corpo, foque na vida que terá com um corpo mais magro e saudável.

Assim como fiz para dar ideias para a questão do emagrecimento, você pode fazer para todas as questões que incomodam e que quer mudar. Se a questão for financeira, imagine como será com mais dinheiro, como vai se vestir, agir, se sentir. Para onde esse novo eu vai viajar, onde vai morar, como vai entregar ao mundo sua versão melhorada. E, por falar nisso, nunca se esqueça de sua entrega. Pensar em como sua nova versão não só curtirá a nova existência, mas como fará diferença para o mundo ajuda muito na conexão com o todo e na ampliação de seu merecimento. Nos sentimos muito melhores se nossa vida de sucesso torna o mundo melhor também, é bem mais gratificante e, para algumas pessoas, como para mim, é como a emoção aflora mais. Se para você não faz a mínima diferença pensar ou visualizar isso, melhor reavaliar seus conceitos.

Para fortalecer ainda mais esse processo, escreva em um papel as cenas que quer visualizar para não se esquecer de nada. Você pode, ainda, gravar o que escreveu e colocar uma música de meditação de fundo e ouvir isso diariamente. Faça por pelo menos 21 dias, sem deixar de fazer um dia sequer – se esquecer, volte a contar. Depois, simplesmente, acredite que está feito. Que, em algum tempo e espaço, essa realidade já existe, só precisa se ajustar e achar o caminho para chegar até você, mas chegará. Confie!

Importante: durante a visualização, sinta-se grato por tudo o que está vendo em sua mente como se já tivesse acontecido. Isso ajuda na coerência entre mente e coração, facilitando a materialização de seu novo eu, seu novo eu sucesso.

O sucesso de ser você!

Lembre-se: por meses, fiz várias visualizações diferentes e continuo fazendo – para emagrecimento, prosperidade, viver meu propósito, casa, família etc. – e fui recriando, pouco a pouco, a minha vida. Acredito que você também possa conseguir bons e até melhores resultados que os meus.

Vou adorar saber sobre suas conquistas. Se quiser me contar, me procure no meu Instagram @gratifulness ou até no @canaldasaschi.

41

A ROTINA ALIMENTAR DA MENTE

Assim como é importante saber como nossa mente se alimentou até aqui para nos tornar quem somos e aprender como modificar os códigos que se formaram para que nossa versão de sucesso aflore, também é importante cuidar de nossa alimentação diária.

Ter uma rotina de alimentação diária da mente é tão importante como comer saudável pelo menos 80% do tempo. É muito comum que isso fique esquecido ou sempre para depois. Não adianta querer novos resultados sendo a mesma pessoa, lembrando que você só muda se alterar sua mente agregando novos conhecimentos a ela, ou refazendo conexões neurais, por exemplo.

O que fez por si mesmo ontem para ser, hoje, um você diferente? E o que fez para saber mais, ser mais que ontem? A maioria das pessoas não faz muita coisa, pois está no modo de sobrevivência, no qual acordar e dormir virou uma função de existência para pagar contas, cuidar dos filhos e executar as tarefas do dia, seja em casa ou no trabalho.

Quando decidi ter uma vida diferente, teria que ser diferente e conhecer coisas diferentes para agir diferente, então virei uma viciada em conhecimento e autoconhecimento. Estudei e continuo estudando todo o tipo de técnica nas mais diversas áreas que me ajudam a ser melhor e a apoiar melhor outros na jornada de despertar sua versão de sucesso.

Todos os dias passei a acordar uma hora mais cedo do que acordava antes e, hoje, acordo três horas antes para me dedicar a ser uma versão melhor do dia anterior, mas você não precisa acordar tão cedo nem dedicar tanto tempo quanto eu para isso. Pelo menos 30 minutos de leitura ou estudo em forma de *podcast* ou vídeo, transformarão você em uma pessoa diferente se levar a fundo os ensinamentos adquiridos.

Além de agregar conhecimento em minha vida diariamente por meio de livros, cursos e *podcasts*, busco sempre estar ouvindo as pessoas verdadeiramente, aprendemos muito com a interação interpessoal ou mesmo a digital. Busque a interação olho no olho, pois gera chance de envolver mais sentidos e emoções, o que ajudará na memorização de conhecimentos relevantes do encontro.

Por fim, queria que selecionasse o que escolhe ver na televisão e redes sociais. Tem muita besteira por aí, nada que agregue em sua melhor versão; ao contrário, hoje, o que mais vejo são informações que nos limitam a sermos nossa versão de sucesso, seja propagando sentimentos ruins, informações inúteis ou até desinformação. Filtre o que está colocando para dentro de sua mente com muito cuidado.

Tem gente que fala que não tem tempo para ler ou estudar, pois tem filhos para cuidar, marido ou esposa para dar atenção, trabalho para

Parte 6: Absorvendo o quinto segredo

fazer. Mas pensa só. Se está entregando para essas tarefas e pessoas uma versão *standard*, básica de você, pode estar entregando uma versão super premium. Será que isso não seria até uma forma de egoísmo com tudo e todos que são importantes em sua vida?

Amar é entregar seu melhor para as pessoas que você ama e GRATIfulness é entregar seu melhor para elas e para o mundo.

42

ALIMENTAÇÃO DE ALMA (EMOÇÕES)

Se é na mente que nascem os desejos e criam os sonhos, é no coração que se materializam, são atraídos para se tornarem verdade. De nada adianta visualizar e fazer afirmativas positivas, se dentro de seu coração nada é sentido ao fazer isso. Só quando o sentimento é ativado, é possível conectar o mental com o material. Emoções e mente têm que estar em coerência.

Quanto mais me emocionava ao fazer as visualizações, mais rápido se concretizavam. Quando a mente passa a acreditar, ela se conecta com o seu coração, e vem a emoção, o sorriso nos lábios, as lágrimas nos olhos, a sensação de conquista. Exatamente porque mente e coração estavam alinhados.

Assim como nas visualizações, as memórias também são registradas mais fácil quando há muita emoção envolvida. É bem mais fácil para se lembrar do primeiro dia da escola do que de alguns dias depois que a escola se tornou habitual para você; o mesmo acontece com o dia que andou de montanha-russa pela primeira vez; aquele que foi premiado por algo; ou quando perdeu alguém importante. Quanto mais emoções são envolvidas, mais fácil se lembrar e gerar uma memória de fácil e rápido acesso – e isso vale para o lado positivo e negativo.

As cicatrizes e vazios também são criados no *hall* das emoções e fazem a gente gastar sem precisar, comer mais do que precisa, ou se meter em relações ruins na tentativa de melhorar a dor ou preenchê-los. Porém, essas tentativas sem sucesso, além de não serem a solução para as dores em questão, ainda podem trazer novas feridas e marcas.

Entender nossos sentimentos, a forma que sentimos esta ou aquela situação, é o que nos ajuda a determinar melhor e com mais facilidade o rumo de nossa história e, para isso, é preciso encará-los. Aqui, voltamos ao autoconhecimento para a compreensão do próprio corpo físico, mental e emocional. Isso faz com que lide melhor com as questões do dia a dia, que tome atitudes cada vez mais conscientes e não vire refém de pensamentos ou emoções que nem sabe de onde vêm. E, como sempre digo, se necessário, busque ajuda profissional. Isso não o fará fraco ou menos competente, ao contrário, o colocará mais perto da melhor versão de si mesmo.

43

SENTIMENTOS E EMOÇÕES

Assim como existe muita interpretação distorcida sobre estar agradecido e ser grato, estar alegre e ser feliz também existe ao definir emoções e sentimentos. Depois de estudar Psicanálise e fazer pós-graduação em Psicologia Positiva, cheguei ao conceito que faz mais sentido para mim e vou dividi-lo com você.

Emoções, como disse anteriormente, são uma sequência de reações químicas que acontecem no nosso corpo, que nos fazem sentir bem ou não. Essas reações químicas podem ser geradas por episódios que aconteceram apenas na nossa mente ou no ambiente em que vivemos, afinal, como também já disse, nossa mente não consegue discernir o que é mental ou vivido no mundo da matéria.

Agora, o sentimento é como nossa mente percebe e registra (memoriza) as emoções que, ao se repetirem ao longo do tempo, podem se tornar parte de nosso sistema operacional, de como interagimos com o mundo.

O sucesso de ser você!

Nossa mente é o conjunto das nossas memórias em ação. Depois de várias vivências memorizadas, repetimos padrões baseados no nosso passado, buscando prazer ou evitando a dor. Isso fica no nosso inconsciente.

As emoções geram um sentimento que produz uma memória, que pode virar um programa de nosso sistema operacional, ou não, dependendo da intensidade e da repetição. A emoção é como nosso corpo percebe a vida, seja material ou mental; o sentimento é como a mente analisa essa sequência de reações químicas que nosso corpo se submete diante de uma emoção.

O amor é um sentimento, enquanto a alegria é uma emoção. O sentimento é uma conclusão da mente para uma emoção ou um conjunto de emoções. Por exemplo, pessoas concluem que amam outras por uma sequência de emoções geradas pela presença ou ausência da outra pessoa em sua vida. Acreditam que amam, pois toda vez que estão perto da outra pessoa sentem alegria, que é uma emoção, em forma de borboletas na barriga; quando estão longe, sentem um aperto no coração, que é uma forma de percepção da tristeza, que é outra emoção.

Ou seja, amor é uma percepção da mente que, dependendo de como você aprendeu ao longo do tempo, vivendo o que os outros definiam como tal, principalmente aqueles em quem confia e respeita, como seus pais, vai aceitar e entender o que sente, naquele momento, com aquela pessoa, como amor. Mas isso é só um conceito que, muitas vezes, está deturpado por uma sequência de demonstrações controversas ao conceito universal de amor.

Por exemplo, muitas pessoas cresceram ouvindo da mãe, que era constantemente agredida pelo pai, que ele fazia aquilo por amor. Isso

Parte 6: Absorvendo o quinto segredo

gera uma memória de que aquele sentimento é ruim e, provavelmente, ou ela vai demonstrar amor agredindo, do mesmo modo, ou vai buscar uma relação abusiva e violenta para viver o amor que todos buscam como fonte da felicidade.

Espero que tenha explicado isso bem, pois sempre que me referir – seja aqui, nas redes sociais, nos cursos ou palestras – às emoções, me referirei às reações químicas que podem trazer sensações de prazer ou desconforto. Já, quando me referir ao sentimento, estarei falando de um conceito, sobre como a mente associa as emoções com as situações, gerando memórias que podem virar padrões de comportamento.

44

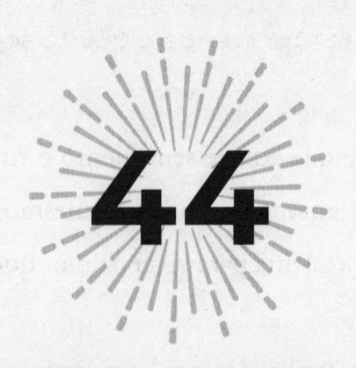

A ROTINA ALIMENTAR DA ALMA (DAS EMOÇÕES)

Assim como precisamos alimentar nosso corpo físico e mental, o nosso corpo emocional também precisa se alimentar para performar bem. E como você vem alimentando essa parte do seu corpo tríade?

Já deve ter conhecido pessoas que são viciadas em estresse e que, por qualquer coisa, sentem motivos para exaltar esse sentimento que vêm cercado de emoções e disparos químicos em nosso corpo. A verdade é que o estresse pode ser bom ou ruim, dependendo de quanto tempo busca deixá-lo ativado em seu corpo.

Quando estamos em perigo, nosso corpo gera uma série de reações químicas que podemos chamar de angústia e que nos deixa preparados para fuga ou luta. Fomos feitos para isso, porém também para que, depois que o perigo acabe, o corpo volte ao seu estado de equilíbrio. A questão é que as pessoas podem se viciar nessa série de reações químicas, passando a atrair o disparo delas constantemente e, para isso, o corpo não está preparado e começa a adoecer.

Parte 6: Absorvendo o quinto segredo

Traçando um paralelo, essa pessoa se faz tão mal, buscando novas fontes de estresse constante, tal qual alguém que está sempre se alimentando com *fast food*. Afinal, nosso corpo pode até estar preparado para lidar com esse tipo de alimento de vez em quando, mas não o tempo todo. E se isso acontecer, vai adoecer, assim como acontece com o estresse frequente.

Entender como está alimentando seu corpo emocional é primordial para mantê-lo saudável, pois nem sempre percebemos o quão mal estamos nos alimentando e, com isso, mudar fica ainda mais complicado.

Da mesma maneira que acontece com o estresse e suas emoções, também ocorre com outras explosões químicas que acontecem em nosso corpo e que, às vezes, são positivas em um primeiro momento, mas geram vícios tão ruins quanto o do estresse. Há pessoas viciadas em alegria, ou disparos de dopamina, o hormônio que é secretado por essa emoção. No caso deste último, seu excesso não é o que causa uma consequência ruim, mas a forma que as pessoas vão buscá-la é que pode ser bem danosa para o corpo, assim como sexo com desconhecidos e sem proteção, bebida em excesso, comida exagerada, entre outros.

Assim como o vício em cortisol, hormônio do estresse, é danoso, o vício em dopamina também é. Mesmo que as pessoas viciadas, nesse caso, possam ser, às vezes, mais agradáveis do que as estressadas. Porém, existe outro vício que também pode ser muito danoso e envolve emoções: o vício em medo, adrenalina. Mas vale ressaltar que os estressados de plantão também são viciados em adrenalina, o que ajuda no processo de luta ou fuga.

Agora, os viciados em adrenalina, muitas vezes, colocam seu corpo físico em risco de forma imprudente. E mesmo que achem que a mensagem para seu cérebro é a de que são invencíveis, a realidade pode ser bem diferente – a de que suas vidas não têm tanto valor. O mais importante nesse caso é entender o motivo desse vício, porque o disparo de adrenalina se faz tão necessário e que buraco ou vazio quer tampar.

Todo e qualquer vício existe pela falta de algo, então entender que ele existe e entender o porquê de ele existir ajuda a preencher os vazios sem ter que ficar causando mal ao seu corpo. Desta forma, antes de começar seu dia, se alimentando com emoções que podem fazer mal, sejam causadas por vícios incorporados ou só por questões pontuais, olhe para dentro buscando padrões de comportamento. Durante o dia, busque ter uma relação sadia com suas emoções, sem alimentar possíveis vícios ou fortalecer aqueles existentes.

Lembre-se de que nosso corpo é adaptável e, quanto mais você produzir um hormônio para ter determinada sensação, maior quantidade dele terá que ser produzida de tempos em tempos para provocar a mesma sensação. Por fim, isso só vai agredindo o bom funcionamento de seu corpo.

O ser humano está constantemente buscando o prazer ou fugindo da dor. Por isso, estamos cada vez mais viciados, seja em drogas legais ou ilegais, em padrões comportamentais, já que as drogas simulam reações químicas que nossas emoções provocam, principalmente as relacionadas com o prazer, assim como os padrões comportamentais estão provocando o mesmo resultado químico memorizado.

Parte 6: Absorvendo o quinto segredo

Que emoções e reações químicas você tem buscado? Coloque sua atenção nisso até que não seja preciso buscar mais emoção nenhuma. A partir daí, estará mais próximo de ser realmente feliz e cocriar uma nova realidade saindo do *looping* do seu passado.

Não alimente emoções desconfortáveis, não busque as confortáveis para curar o que incomoda. Ambas podem viciar. Quando acontecer, só seja grato por sua existência, busque entender o aprendizado naquela situação e volte para sua vida com um nível emocional equilibrado. As emoções desequilibradas, sejam confortáveis ou desconfortáveis, diminuem a percepção da realidade e o colocam como refém do ambiente. Se quer traçar o próprio destino, dê mais atenção a como seu corpo está se sentindo e como está lidando com isso.

45

SOMOS UM CORPO ELETROMAGNÉTICO

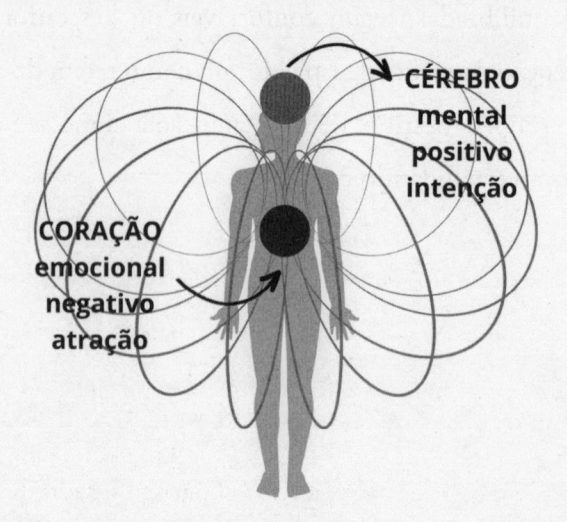

CÉREBRO
mental
positivo
intenção

CORAÇÃO
emocional
negativo
atração

A té agora focamos muito no corpo físico, mental e emocional, mas, juntos, geram nosso corpo eletromagnético, responsável por atrair a realidade condizente com seu funcionamento, ou seja, vivemos a realidade que nosso sistema operacional determina por meio de nossos pensamentos e emoções, sendo o polo positivo (elétrico) encontrado na região do cérebro e negativo (magnético) na região do coração.

Parte 6: Absorvendo o quinto segredo

Enquanto nossa mente emana intenções boas ou ruins, quando nosso coração sente, acaba atraindo mais do mesmo para nossa vida. Entende por que é tão importante alimentar bem nossos pensamentos? Veja o gráfico a seguir e visualize melhor o que acabei de dizer.

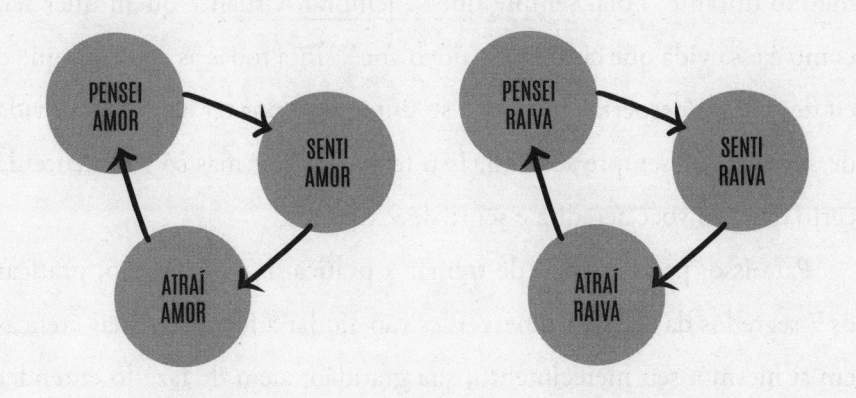

PENSEI AMOR → SENTI AMOR → ATRAÍ AMOR → PENSEI AMOR

PENSEI RAIVA → SENTI RAIVA → ATRAÍ RAIVA → PENSEI RAIVA

Entenda que tudo o que pensar e sentir com coerência vai atrair mais do mesmo para sua vida. Se continuar pensando, sentindo e agindo como antes, terá a vida de antes, as pessoas de antes perto de você e nunca alcançará novos resultados. É pura física!

Toda vez que pensar em algo e isso mudar seu estado de sentir, avalie se é esse caminho que está querendo dar para sua vida. Veja se não é um reflexo de seu passado pelo qual você é grato, mas que ainda assim quer avançar um degrau em nome de sua vida de sucesso e de um mundo melhor. Se não for, busque ressignificar o gatilho e atraia só o que vai ao encontro de sua versão de sucesso.

O seu corpo eletromagnético se submete à Lei da Atração, na qual tudo que emana, atrai. A regra é dar para receber. Nada mais além disso.

E sempre ter coerência entre pensamentos e emoções para atrair o que se quer de forma consciente.

Como isso funciona na prática? E como a gratidão ajuda nesse processo, Saschi? Na sua visualização dentro do processo de meditação e até mesmo durante o dia, sempre que se lembrar, visualize quem quer ser, como é essa vida que circunda o novo você, sinta todas as emoções que o eu de sucesso desperta em você e se sinta grato por ter alcançado a vida de sucesso que sempre sonhou. Isso fecha o ciclo, mas só realmente dá certo quando você acredita e sente de verdade.

Para isso, precisa, além de treinar a prática da visualização, praticar os 7 segredos da GRATIfulness. Eles vão ajudar a fortalecer suas crenças em si mesmo, seu merecimento, sua gratidão, além de fazê-lo entender melhor até para saber mais sobre o que desejar. Tudo isso faz parte do sucesso de ser você, então não pule etapas ou ignore qualquer uma delas. Não há lugar para espertos nesse processo, apenas para os conscientes, e sei que você está no segundo grupo.

46

SOMOS UM CORPO QUÂNTICO

Neste capítulo, vamos um pouco além. Falaremos sobre nosso corpo quântico de infinitas possibilidades. Se já leu um pouco sobre física quântica, isso aqui não será muita novidade, mas, para muitos, o mundo quântico é um lugar ainda inexplorado e totalmente desconhecido.

Esse é um dos campos de estudo pelos quais sou mais apaixonada. Amo com força essa ciência (não que também não ame a neurociência e a física tradicional com seus campos eletromagnéticos que falamos anteriormente), porque fecha todo o raciocínio da vida, faz tudo fazer sentido e, se puder e se interessar, vale ir a fundo no conhecimento e suas pesquisas.

A mecânica quântica nos traz a maravilha do estudo do mundo subatômico com suas ondas e partículas, em que tudo é uma onda de possibilidades até que um observador traga a onda à sua consciência, ao seu foco de observação, causando um colapso da função de onda e fazendo com que essas infinitas possibilidades se materializem em apenas uma no atual tempo e espaço.

O sucesso de ser você!

Calma! Parece grego o que estou falando, mas vou explicar por meio de um estudo famoso que se chama *dupla fenda* (com vários vídeos sobre isso no YouTube e no filme *Quem somos nós*, que também tem no YouTube), mostrando o comportamento dos elétrons, um dos componentes dos átomos, ao ser observado. Enquanto ele não está sendo observado ou medido, gera infinitas possibilidades (em forma de onda), porém quando passa a ser observado, se comporta da forma esperada (como partícula) e aceita pelo nosso mundo macro, limitando as possibilidades e criando uma realidade.

Trazendo este experimento para nosso tema, questiono: quem é o observador da sua vida, da sua realidade? Quem faz com que as ondas de possibilidades se colapsem na realidade que, hoje, observa e aceita como sua? Quando você não é o próprio observador de sua vida, ou seja, não é um vivente consciente e sim um sobrevivente sem norte, deixa na mão de outros seu destino com as próprias observações e crenças sobre você.

"E Deus, Saschi? Seria Ele o grande observador?" E se for, que papel temos na decisão de nossas vidas, já que, tecnicamente, viveríamos à margem de sua observação? Essa pode ser uma grande questão. Mesmo que exista o grande observador, existe o livre-arbítrio para que cada criatura, com consciência de existir, crie a própria realidade a partir de sua própria observação.

Imagine que somos deuses de nossos corpos com trilhões de células e quatrilhões de átomos. Você criou seu corpo de forma consciente ou inconsciente, não importa agora, mas pensa em cada célula de seu corpo o tempo todo ou, no máximo, de forma consciente? Ou você, no máximo, determina o resultado que quer obter, como um corpo saudável, por exemplo, e suas células que lutem?

Parte 6: Absorvendo o quinto segredo

Se Deus é o criador de tudo que existe, se é a grande consciência e o grande observador, Ele só determina o caminho da criação, porém não determina como cada átomo vai se comportar para alcançar o resultado final. Pelo menos, é assim que acredito.

Por isso, sempre falo que somos cocriadores de nossa realidade e criamos com uma consciência maior nossas vidas e nossas realidades quando estamos conscientes, claro. Afinal, se não estivermos conscientes, seremos reféns de observadores alheios, que nem sempre têm a visão clara de quem somos, muito menos de quem queremos nos tornar. Assim, muitas vezes, acabamos remando contra nossos sonhos.

Quanto mais sólido um objeto é, quanto mais massa tem, menos suscetível ao mundo e às regras do mundo quântico. É por isso que, na hora de pensar em cocriar sua realidade, é importante usar a meditação para se inserir neste mundo no qual você é tudo e nada ao mesmo tempo, porém onde tudo é possível com suas infinitas possibilidades.

Na meditação ao final do livro, você será direcionado para esse mundo incrível onde tudo é possível, ou pelo menos, até onde sua consciência conseguir chegar ou se libertar.

Parte 7

Vivendo o sexto segredo

47

SEXTO SEGREDO: DESCOBRIR E VIVER SEU PROPÓSITO

Até hoje, já vi algumas definições da palavra *propósito*. Porém, o que melhor funciona é entender que se trata da junção de nossos dons em ação, em prol da nossa evolução e da evolução do mundo. É o que dá sentido à nossa vida, o que faz acordarmos todos os dias nos sentindo extremamente gratos e merecedores de tudo de melhor que a vida pode nos dar, pois estamos entregando todo o nosso melhor. E não importa se seu melhor não parece grandioso aos olhos de alguns, ou se não atinge diretamente milhares de pessoas. O fato é que, sem sua parte bem-feita, outras ações "grandiosas" não seriam possíveis.

O propósito é o que aponta o caminho e é o próprio caminho. Sem ele, você fica inerte e, mesmo que consiga sair da inércia, sai sem direção e sem sentido, podendo acabar numa depressão, ansiedade ou crise de pânico. O propósito é o que diz quem é você na fila do pão. É o que faz você ser seu melhor e o que dá brilho nos olhos para fazer qualquer coisa que queira, seja limpar o chão, servir um café ou sentar na cadeira da presidência de uma grande empresa multinacional. E sabe o que é melhor? É para todos, não apenas para os poderosos, ou para quem já enriqueceu na vida, como eu mesma pensava no passado.

Você pode viver seu propósito nas pequenas e nas grandes coisas. Contanto que seja no exercício de seu verdadeiro caminho, estará bem e fazendo os outros a sua volta felizes também. Antes, eu achava que tinha que ficar rica para depois viver meu propósito, o que é exatamente ao contrário. Ao vivermos nossa melhor entrega, a prosperidade vem naturalmente.

Hoje, entendo isso. Quando você se divide em viver o propósito e pagar contas fazendo algo que, por vezes, não tem sequer qualquer conexão com o que nasceu para fazer, acaba se desgastando muito, perdendo muita energia e retardando seu encontro com a prosperidade, que poderia vir organicamente por uma vida regada por seu verdadeiro propósito.

Muitas vezes, o medo de não ter as contas pagas no fim do mês ou mesmo a pressão da família fazem escolher profissões e empregos pelos quais você sequer tem uma pequena afinidade. E, com o tempo, fica cada vez mais difícil escapar da teia de falsa dependência que vai se formando.

A gente se acostuma com a vida, proveniente do salário pago todo fim do mês, pelo mesmo emprego que estimula a gastar muito em supérfluos, beber demais, comer demais, nos deixando infelizes. Fazer as pazes com seu propósito sempre é possível e eu recomendo. Afinal, eu sou uma pessoa que se libertou dessas teias.

Para você entender melhor como isso tudo funciona, vou usar meu propósito – que é apoiar pessoas a conquistar sua versão e vida de sucesso

Parte 7: Vivendo o sexto segredo

para que o mundo seja um lugar melhor – como exemplo. Faço isso de várias maneiras, tanto de forma filantrópica, com as publicações nas redes sociais e grupos, quanto em *workshops*, livros, imersões e palestras, criando alimentos saudáveis com a minha marca de alimentação funcional.

Quanto mais uso meu propósito como fonte geradora do meu trabalho e dos meus negócios, mais multiplico meu dom e consigo, consequentemente, apoiar mais pessoas na transição. Agora, se "me dividisse", usando meu dom apenas na filantropia e trabalhasse em algo totalmente distante de meu propósito e só com o foco em pagar contas, além de não estar feliz, não conseguiria apoiar tanta gente como apoio, você não acha?

48

PROPÓSITO INDIVIDUAL, COLETIVO E UNIVERSAL

Não existe maior ou menor propósito, todos são importantes, como cada parte do corpo. Não existe uma célula mais importante do que a outra. O fundamental é que todas funcionem bem individualmente, em conjunto e em plena sincronia. Do mesmo modo, não há sequer uma célula do coração mais especial do que a outra; assim como as células do coração são tão importantes quanto as células do fígado e as células da pele etc. E assim acontece com as pessoas e a sociedade.

Somos seres individuais e seres coletivos ao mesmo tempo. Somos parte de grupos menores, como os órgãos do corpo, assim como fazemos parte de um corpo soberano, que é nosso planeta e que pertence a outro corpo ainda maior, que é a galáxia, que faz parte do Universo. Ou seja, somos pequenos e grandes ao mesmo tempo e isso tem que ser levado em consideração a todo momento. Afinal, se uma célula do coração está mal, o coração vai mal e o corpo deste coração, por consequência, também.

Parte 7: Vivendo o sexto segredo

Entretanto, se só uma célula vai mal, fica mais fácil que as boas ajudem a que está doente. Mas atenção: se essa célula que não está legal começa a contaminar as outras, fica cada vez mais difícil colocar tudo em ordem novamente. Por isso, nunca podemos esquecer como o bem-estar do outro é importante para também estarmos bem, assim como nosso todo maior e a existência em si.

"E o que propósito tem a ver com essa analogia, Saschi?" O fato é que, mesmo que muitos ignorem isso, há dois tipos de propósito: o individual, que faz você ser a melhor célula que pode, seja do coração, fígado ou pulmão, por exemplo e o coletivo, que é do seu aglomerado de células, ou seja, é parte do órgão a que pertence, assim como do corpo ao qual pertence, que é parte do Universo.

Vou me colocar nesta trama propositadamente, sendo que sou uma célula e, também, parte do Universo, ok? Eu, enquanto célula e ser individual, sou a Saschi, e meu propósito é ajudar pessoas a conquistarem sua melhor versão para atraírem a vida de sucesso. Vamos imaginar que sou uma célula do coração bem próxima ao fígado e que tenho bastante influência deste órgão. Do mesmo modo, para exercer meu propósito, é importante ensinar as pessoas a se desintoxicarem, e é o fígado o órgão responsável por isso. Enquanto ser coletivo, sou parte do planeta Terra, onde cada um de nós, coletivamente, tem um único propósito, o de se aprimorar a cada dia para que este planeta viva em sua melhor forma e evolua. Além disso, nosso planeta faz parte do Universo e, sob esta ótica, nosso propósito universal é o de manter o equilíbrio de tudo o que existe.

O sucesso de ser você!

Entender nosso propósito individual é tão importante quanto o coletivo e universal, pois tudo está conectado exatamente como no corpo humano. Por isso, gosto de usar essa comparação.

Descubra seu lugar no mundo e faça o melhor que puder para que tudo funcione bem e evolua, pois uma coisa é certa: ou estamos evoluindo, ou morrendo. Não sei você, mas quero que este mundo evolua muito ainda, antes de pensar que ele vai morrer. E isso está só nas nossas mãos, de mais ninguém.

Seja sua melhor versão, veja com que dons você veio ao mundo e descubra como melhorá-los e aplicá-los no seu dia a dia. Viva seu propósito não só no trabalho, mas em tudo que faz. Por vezes, nosso propósito fica mais evidente nas nossas horas vagas, ou talvez durante o trabalho, mas o que importa é que ele seja vivido.

Viver no nosso propósito é acionar todo o nosso potencial de verdade. Se não existe propósito, só está sobrevivendo e não vivendo de fato. Você pode acabar se tornando, inclusive, uma célula autoimune do corpo ao qual faz parte, que nem entende que o integra e, por isso, o ataca. Pense bem se quer ser isso para sua vida.

O propósito coletivo do ser humano é ser melhor a cada dia para que o mundo seja melhor todos os dias. Se você já viver isso, tem meio caminho andado.

49

A IMPORTÂNCIA DE UM CAFEZINHO

Vou contar para você a história da Cris, para que entenda como cada um tem importância e como tudo está conectado, mesmo que algumas pessoas nem consigam enxergar a beleza disso. Todos os dias, vou para a academia cedo e, antes de treinar, sento na cafeteria e peço meu café para a Cris, que sempre responde com um carinho no olhar e atende meu pedido sem nem mesmo eu falar, do jeitinho que eu gosto e que, meses antes, expliquei para ela (obviamente, não sou o tipo de pessoa que quer só um expresso, né?).

Esse café, que tomo diariamente, durante a semana, vem cheio de amor e carinho e eu consigo, com a ajuda dele, começar meus estudos. Normalmente, aproveito esse momento para ler um pouco ou ver algo que me inspire ou aumente meu conhecimento sobre algum assunto. Além disso, eu e Cris sempre conversamos. Passo para ela dicas de como ter uma vida melhor e levar de forma mais leve as coisas que a incomodam. E foi esse conjunto de coisas que aconteceram na nossa relação

– sorriso, carinho, cafezinho e muita conversa – que me fizeram parar e escrever este livro para ela e para você.

A Cris tem um coração enorme, mas, por vezes, não entende sua importância na vida das pessoas – e acho que até eu escrever este capítulo, nem ela sabia o quanto é importante na minha vida e na vida de vocês, pois, provavelmente, sem ela, não teria livro. Talvez sem o abraço que dei nela em um dia em que estava triste, com meu ouvido disposto a ouvir verdadeiramente e minha disposição para dizer palavras que acalmassem seu coração, eu não tivesse percebido a necessidade que tinha de ampliar esse abraço para chegar até você.

Temos que entender que não importa em qual emprego você está no momento: seu propósito pode ser praticado em qualquer lugar – e isso deixará outras pessoas melhores, assim como você se sentirá melhor também. Talvez a Cris nem saiba seu propósito individual ainda, mas ela já é parte do meu, que é estar aqui com você e com todos que estão lendo este livro, assim como os que acompanham meus *posts* no Instagram ou assistem às minhas palestras, *lives* e vídeos por aí.

O mais incrível é que, além de mim, sei que a Cris, com seu sorriso constante no rosto, mesmo em dias difíceis, toca a vida de muita gente naquela cafeteria. Tem dias que fico muito tempo ali, lendo, e vejo como ela não é só carinhosa e simpática comigo, mas com todos. Talvez nenhum deles nunca tenha parado para pensar na importância que ela tem na vida deles, mas com certeza tem.

Ninguém passa pela vida do outro sem mexer um pouco na trajetória dele. E se estou aqui e agora escrevendo para você, é por causa dela e de

Parte 7: Vivendo o sexto segredo

tantas outras pessoas que passaram pela minha vida trazendo conforto ou desconforto. Algumas foram mais marcantes, outras menos, mas todas são responsáveis pelo que sou hoje. Até mesmo aquelas que me fizeram algum tipo de mal, mas que acabaram me dando a oportunidade de ser melhor.

É o autoconhecimento e a autorresponsabilidade, com a gratidão, o merecimento, a alimentação CMA e o respeito, que fazem você perceber como as passagens de pessoas pela sua vida podem ser proveitosas, mesmo quando a dor vem junto. Nós não temos como ter o controle pelas ações do outro, mas temos total responsabilidade por receber essa ação de forma produtiva ou não para nossa vida.

Em resumo: cada pessoa que passa pela nossa vida faz parte do que nos tornamos, mas é nossa responsabilidade elevar esses encontros para nos tornarmos pessoas melhores. Gratidão a você, Cris, e a todos com quem um dia encontrei nesta vida. Vocês são parte do que sou e prometo tornar esses encontros a minha melhor versão a cada dia. Se sou o que sou é porque vocês são o que são.

50

COMO DESCOBRIR SE VOCÊ VIVE DE SEU PROPÓSITO

Esses dias estava conversando com minha filha do meio, que está prestes a fazer intercâmbio e ficar um ano fora estudando nos EUA, e começamos a falar sobre o que ela faria depois que voltasse. Expliquei, entretanto, que ela não precisava decidir tão rápido o que faria na faculdade, pois quase ninguém tem muita certeza disso na idade dela, e ter um tempo para viver e experimentar algumas situações pode ser importante e determinante para fazer uma escolha mais acertada. Mas ela me disse, para minha surpresa, que estava gostando de programar (programas de computador), estimulada pelo pai *nerd* que amo, o que achei interessante.

Perguntei o porquê de gostar dessa área e ela não soube responder ao certo. Eu disse que, se ela encontrasse um objetivo na profissão, um propósito maior que a motivasse a programar, seria mais fácil seguir adiante. Para ela entender melhor o que queria dizer, exemplifiquei da seguinte forma: "Você pode querer programar para deixar as pessoas mais felizes, trazendo mais tempo para elas ficarem com a família, para

Parte 7: Vivendo o sexto segredo

poderem curtir mais a vida da forma que acharem melhor, por meio de apps que facilitam a vida delas, criando softwares que otimizam a produção das indústrias, para diminuir o custo e o preço final, possibilitando a mais pessoas o acesso a produtos antes inacessíveis a muitos ou, ainda, desenvolvendo um algoritmo para buscar uma energia mais sustentável em prol da saúde do planeta".

Enfim, fiz uma provocação para ir além da simples criação de códigos. Afinal, é importante ter um porquê e o porquê do porquê até que ache um propósito no que está escolhendo estudar para fazer ao longo de parte da sua vida, pois acreditar que hoje fazemos faculdade para exercermos a carreira que está impressa no diploma, para sempre, é mero engano.

Estou contando essa passagem que aconteceu na minha casa porque é assim que entramos na busca para saber se estamos vivendo no nosso propósito, perguntando a nós mesmos o porquê de fazermos o que fazemos. E depois, se perguntar o porquê do porquê, até realmente não ter mais resposta e ver se encaixa com algo que pareça ser seu propósito.

Agora, para descobrir seu propósito, é preciso avaliar seus dons, colocá-los na mesa e ver qual deles – ou, por vezes, a conjunção de alguns ou todos – pode entregar seu melhor ao mundo. Eu, por exemplo, tenho o dom da escrita, da fala, da empatia, da criatividade e, juntando cada um deles com tudo o que passei até chegar aqui, descobri que meu propósito, como disse antes, é apoiar pessoas a conquistarem suas versões e vidas de sucesso. Entendi também de que forma poderia colocá-lo em prática: criando receitas saudáveis, produtos saudáveis e fazendo *workshops*, imersões e palestras.

Então, se me perguntar o porquê de eu fazer tudo isso ou qualquer outra coisa, darei a mesma resposta: para realizar meu propósito. Mas tenho 45 anos ao escrever este livro e precisei de muita bagagem para chegar até aqui. Antes disso, já tive propósitos mais amplos, como simplesmente ajudar as pessoas, ou melhor, apoiá-las (ajudar gera dependência, gera uma colocação de superioridade; apoiar não, coloca você ao lado, sem dependência e sempre amei a liberdade. Então, nunca gostaria de gerar dependência de pessoas ou me colocar em um nível acima delas). Porém, isso me deixava perdida e me fazia quebrar muito a cara. Mesmo assim, não tenho do que reclamar, pois também tirei muito aprendizado das situações.

E mais: você pode buscar seu propósito sem a obrigação de tê-lo como seu propósito para sempre. O resto da vida é sempre muito tempo e gera muita cobrança e ansiedade. Busque um propósito hoje e, se amanhã houver uma mudança radical, está tudo bem. Normalmente, a base continua a mesma, como meu foco em apoiar pessoas não mudou. Entenda: o amadurecimento ajuda a verticalizar o propósito, a direcionar onde melhor você consegue atuar e tudo se revela na hora certa, basta estar no caminho.

Então, fique consciente, vivendo e nunca sobrevivendo. Se questione sobre o porquê de fazer o que faz, não aceite o modo automático, pois verá que será cada vez mais difícil não viver seu propósito, mesmo que ele mude ou se lapide ao longo do tempo.

Resumindo: seu propósito precisa ter conexão com seus dons e talentos, com fazer o mundo melhor e com a felicidade, ou seja, você faria isso ou trabalharia com isso, mesmo se não precisasse mais de dinheiro na vida. Se tiver os três pilares fortalecidos, provavelmente, vive do seu propósito.

51

E COMO O PROPÓSITO AJUDA NO DESPERTAR DE SUA VERSÃO DE SUCESSO?

Viver seu propósito preenche: simples assim. Lembra que já falei muito sobre os vazios que tentamos preencher com bebida, sexo, pornô, consumo supérfluo, comida e que nos levam à depressão e ao sedentarismo? Então, com vazios preenchidos com objetivos tão maravilhosos de vida (todo propósito é maravilhoso), como terá tempo para comer por tédio, ansiedade, compulsão, raiva, medo e por outros sentimentos ou emoções que só o consomem e não levam a lugar nenhum?

Quando a gente tem um propósito e vive por ele, nossa vida fica preenchida, não apenas nossos vazios. Temos um motivo maior para acordar, estar bem e viver nosso melhor, pois nossa vida tem sentido e temos consciência de nossa função e importância no mundo.

Quem acorda com um propósito em mente não tem espaço para comer alimentos vazios nutricionalmente por prazer, ou se preocupar em gastar no que não precisa, ou ainda distrair a mente com os mais variados gatilhos de vícios, pois está preenchido e focado em sua entrega e, para isso, não há espaço para vícios que vão prejudicar o bom funcionamento do seu corpo físico, mental e emocional.

Quando vivemos nosso propósito e praticamos os 7 segredos da GRATIfulness, nosso corpo fala com a gente e conseguimos decifrar sua linguagem. Você e seu organismo se tornam amigos que estão na mesma direção, na mesma jornada, e não o tratamos mais como um escravo de nossos prazeres. Passamos a respeitar o que é melhor para ele e recebemos o mesmo respeito em nossas decisões e criações. Ele passa a nos aceitar como criadores e não mais criaturas que vivem só por instinto e prazeres rápidos e passageiros.

Viu como tudo está ligado? Como tudo está junto e misturado e como isso é lindo e perfeito? Eu sou tão apaixonada por esse balé da existência que me emociono constantemente ao falar sobre o tema, mesmo que já tenha me repetido tantas vezes. Espero que consiga fazer você se olhar com mais carinho e avaliar sobre isso tudo também.

Viver por prazer pode até fazer sorrir, mas viver por amor traz a verdadeira felicidade.

52

O QUE A RODA DA BICICLETA TEM A VER COM PROPÓSITO?

Você já parou para observar a roda de uma bicicleta? Olhando para ela, vê o centro, os raios e o pneu, certo? No entanto, depois que li o livro *O velho e o menino*, do querido escritor e amigo, Roberto Tranjan, que me deu a honra de ter o prefácio deste livro escrito por ele, passei a observá-la com um novo sentido e vou compartilhar, fazendo uma analogia simples.

O centro é sua essência, os raios são suas possibilidades e o pneu é o personagem ou a capa protetora que você criou para enfrentar sua atual realidade, que colocou na estrada que está seguindo hoje. Esta estrada pode ser mais plana e tranquila, nesse caso o pneu pode ser mais fino e liso, permitindo andar mais rápido e com mais facilidade de olhar para dentro, assim como um pneu de *speed* (bicicleta de asfalto e velocidade); ou mais turbulenta, já nessa situação o pneu precisa ser mais grosso e cheio de cravos para o defender das constantes pedras do caminho, como aqueles usados para fazer *mountain bike*. A maioria das pessoas vive suas vidas na superfície do pneu, em que fica

Parte 7: Vivendo o sexto segredo

difícil olhar para dentro. Quanto mais grossa a camada, mais difícil será conseguir o acesso.

Seres iluminados vivem mais ao centro, e as pessoas que vivem seu propósito, mas ainda têm muito o que aprender, ficam no círculo imaginário que se forma entre o pneu e o centro, em que é fácil olhar para dentro e para fora e onde as possibilidades estão claras e disponíveis.

No centro, não há movimento, pois você já conseguiu se integrar ao tudo e ao nada, e não há mais o que aprender, pois já é tudo, é o próprio Universo e parte dele. Alcançar este estágio é entender e ser o todo a que pertence e não parte dele. Por outro lado, as pessoas que têm medo de olhar para dentro são aquelas que estão muito presas a seus personagens ou em suas capas de proteção. Elas deixaram que os problemas da rotina as endurecessem, em vez de usá-los para crescerem, tendo em mente que, a cada volta da roda, temos a conclusão de um objetivo, de uma meta, ou desejo. Afinal, quanto mais às margens do pneu, mais longas são as caminhadas e maior é a ansiedade gerada.

As pessoas sem propósito, normalmente, estão na parte mais ampla da roda, onde as pedras dos caminhos são sentidas de forma mais dolorida e machucam com maior frequência. Quando existe um propósito, elas passam pelas pedras como observadores em aprendizado, sentindo de leve a dor da repercussão delas. E quanto mais aprendem, mais próximas ficam do centro, onde a dor é reduzida até não mais existir.

Sei que muitos, ao ler sobre essa teoria, vão dizer que a vida foi dura e que fica difícil não se defender. Mas nós temos sempre escolhas em cada situação que nos afeta e total responsabilidade sobre como vamos lidar com tudo isso, para, a partir de então, criar a nossa realidade. Resta saber como você agirá daqui por diante: se buscará se conhecer cada vez mais, sem medo do que pode achar; se assumirá a responsabilidade por sua vida e se colocará como cocriador e não mais como criatura da própria história; se passará a enxergar a gratidão em cada detalhe da sua vida; se ampliará seu merecimento, se colocando mais perto de seus desejos e da vida que nasceu para viver; se alimentará seu corpo, mente e alma de forma construtiva, produtiva e saudável; se passará a se respeitar mais e respeitar o outro para demonstrar ao mundo o quanto você merece estar onde está e quer chegar; se viverá seu propósito, tornando sua vida e o mundo melhor.

Colocar esses hábitos em prática não é fácil, mesmo que seja simples em seu conceito. Mas vale, pelo menos, começar, pois a gente não se constrói antes da partida, mas sim, caminhando, e o importante mesmo é começar.

Parte 8

Entregando o sétimo segredo

53

SÉTIMO SEGREDO: PERPETUAR E FAZER VALER O RESPEITO E O AUTORRESPEITO

O respeito é tão importante quanto todos os outros segredos anteriores, pois é com a ajuda dele que você conseguirá manter todas as suas conquistas até então e todas as que estão por vir. Sem respeito, é impossível nos mantermos em uma vida de crescimento, com saúde e prosperidade, pois é ele que valida tudo que encontramos do outro lado da ponte. Sem ele, nossas conquistas ficam sem força, podendo sucumbir ao menor desequilíbrio, pois nos afastam de nosso merecimento.

Quem não tem respeito consigo nem com os outros mostra que não existe gratidão em sua vida também, nem autorresponsabilidade ou autoconhecimento. E, sem essas coisas, seu castelo é feito de papel e qualquer vento poderá levá-lo embora. O respeito próprio leva em consideração você como um ser de corpo, mente e alma, em que seus pensamentos, suas emoções e seu corpo físico têm que ser respeitados, desde como você os nutre até como busca melhorá-los. Comer bem, se exercitar, dominar seus pensamentos, encarar e direcionar da melhor forma suas emoções são algumas formas de se respeitar.

Como seu corpo biológico, mental e emocional vai retribuir quando você insiste em colocar para dentro dele alimentos e bebidas nocivas? Em que grau de merecimento você acha que se coloca fazendo isso? Como esse mesmo corpo reage ao ver perdendo tempo apenas com fofocas em rede social, tomando conta da vida dos outros ou se irritando com coisas pequenas, em vez de estudar mais, ler mais e assistir a vídeos que ajudem a ser uma pessoa melhor? Que nível de merecimento está criando para você? Como seu corpo, que permite viver uma vida com tantas coisas pelas quais deveria ser extremamente grato, reage ao vê-lo acordando e dormindo todos os dias com tudo de incrível que existe ao seu redor, desde a água quente em seu chuveiro até a beleza da maternidade ou paternidade, sem se sentir abençoado? Lembrando que muitas pessoas não têm as coisas que você tem, mas que para você são normais.

E não é só o corpo que sente essa falta de respeito. O Universo também. Afinal, tanto o respeito quanto todos os sentimentos (e tudo na vida) são energia e a lei da física é clara: você atrai o que vibra.

Se você não emana respeito, como o mundo entregará algo realmente bom de volta? De uma laranjeira não nasce maçã, assim como uma pessoa que não se respeita não tem o respeito do Universo. E adeus ao merecimento e às conquistas.

Assim como se respeitar é extremamente importante, oferecer o mesmo respeito aos outros e a toda criação também é – seja uma pessoa,

Parte 8: Entregando o sétimo segredo

um animal, uma planta ou mesmo um objeto, pois tudo no mundo está ligado e conectado na gratidão.

Então, se não respeita tudo aquilo que permite e já permitiu ser você, ou seja, tudo e todos que existem, como a gratidão pode existir? Sem ela, nada faz sentido e você volta a sobreviver, tornando-se criatura e figurante da vida de alguém.

54

OS CÍRCULOS DA GRATIFULNESS

Agora que já entende melhor os 7 segredos, quero mostrar como usei para montar o Círculo da Vida Consciente e o Círculo da Sobrevivência da GRATIfulness, baseados na minha percepção da bicicleta, e como você pode usá-los para sempre se lembrar onde e como deve agir para se manter, constantemente, em equilíbrio e com foco para alcançar sua melhor versão dia após dia.

O Círculo da Vida Consciente é como o próprio nome já fala: estamos vivendo conscientes de nossa existência, quando colocamos os 7 segredos em mente e nossa essência em primeiro lugar. Nosso olhar está para dentro, com a intenção de fazer nosso melhor se expandir, iluminando não somente a nós mesmos, mas a todos que estiverem próximos. Quanto mais evoluímos, maior nosso campo de irradiação do bem, seja na forma que for.

O outro só interfere positivamente para nosso crescimento. Ele acaba se beneficiando mais com nosso crescimento, em vez de conseguir nos

Parte 8: Entregando o sétimo segredo

afetar ou prejudicar. Quando estamos neste círculo, as possíveis realidades são infinitas e se entrelaçam como uma teia. Assim, quanto mais nos aproximamos da nossa essência, mais fácil fica materializar qualquer desejo ou ter acesso a qualquer conhecimento.

Nesse círculo, as intempéries da vida não nos machucam de forma dura e são vistas como ensinamentos ou maneiras de mudar o caminho para onde estamos indo, assim como quando uma pedra cai em um córrego e cria duas novas trajetórias para a água. Por não machucar tanto, não é necessário lançar mão de mentiras, máscaras, armas ou armaduras para se defender da vida e das pessoas. É possível ser você mesmo. E um você melhor a cada dia.

Agora, no Círculo da Sobrevivência, o olhar está para fora. Ficamos perdidos da nossa essência e mais preocupados com o outro e sobre como a vida pode ferir e acabar nos machucando. Com isso, temos que nos proteger, criar máscaras, armas, armaduras e mentir. Com o tempo, fica cada vez mais difícil romper tantas camadas para achar o que deixamos para trás em função do medo, crenças limitantes, cicatrizes, vazios, carências, baixa autoestima e tantas outras coisas que, inclusive, adoram se alimentar umas das outras.

Quanto mais distante da nossa essência, do nosso Eu verdadeiro, mais dura a vida nos parece, e mais difícil fica voltar o olhar, novamente, na direção certa. Mas sempre é possível. E posso afirmar que vale todo e qualquer esforço.

Parte 8: Entregando o sétimo segredo

Nesse círculo, mesmo com possibilidades também infinitas, estamos míopes e só enxergamos poucas, duras e rígidas probabilidades para nossas vidas. Parece que o nosso destino está traçado e é praticamente imutável. Aqui, existe o vitimismo junto ao medo de seguir adiante e, obviamente, não existe a prática dos 7 segredos da GRATIfulness. Só existe espaço para criaturas conformistas e não criadores, como no Círculo da Vida Consciente.

Esses dois círculos deixam claros os caminhos que você pode seguir e sei que, agora, que chegamos ao final, quer e vai permanecer no Círculo da Vida Consciente. Então, imprima a imagem dele a partir do QR Code a seguir utilizando a senha sucesso23. Deixe em um lugar visível para que nunca se esqueça do caminho que você quer e merece para si mesmo e é rico em infinitas e incríveis possibilidades.

55

TRAÇANDO SUA ESTRATÉGIA PARA SE TORNAR SUA VERSÃO DE SUCESSO

Acredito que, agora, depois de observar os Círculos da Vida, fique mais fácil colocar em prática sua transformação para ser sua melhor versão. Mas, antes, vamos relembrar os 7 segredos da GRATIfulness e organizá-los em cada fase da estratégia.

São eles:

- **Primeiro Segredo** – Entender e aceitar a autorresponsabilidade – Só aceitando a sua responsabilidade por estar onde está, você consegue ter as ferramentas para colocá-lo aonde quer chegar, sem depender da vontade do outro.

- **Segundo Segredo** – Buscar o autoconhecimento – Olhar para dentro e descobrir os seus porquês faz entender onde você realmente está e só assim é possível traçar uma rota para onde quer ir.

Parte 8: Entregando o sétimo segredo

- **Terceiro Segredo** – Praticar o olhar da gratidão – O olhar da gratidão é uma prática que deve ser feita todos os dias para que consiga enxergar a benção que é sua vida mesmo nos pequenos detalhes que, por vezes, passam despercebidos na correria do dia a dia. Só quem tem um olhar de gratidão consegue ser feliz. A alegria está nos momentos de contentamento, mas a felicidade está em cada segundo, mesmo quando as lágrimas de dor insistem em cair, pois a alegria é uma emoção, enquanto a felicidade é uma forma de viver, é uma mentalidade.

- **Quarto Segredo** – Ampliar e manter elevado seu merecimento – Sem entender isso, não se alcança nada. Ninguém consegue algo pelo que não se sente merecedor. Enquanto a gratidão está conectada ao passado e ao presente, o merecimento se conecta ao futuro. O seu futuro é do tamanho do seu merecimento.

- **Quinto Segredo** – Alimentar bem seu corpo CMA (corpo mental, emocional e físico) – Alimentar bem seu corpo físico, mental e emocional faz parte de cuidar de sua máquina de realizar sonhos. A nossa vida se cria no mental, ganha força, atrai, no emocional e se manifesta no físico, e se alimentar mal esses três corpos, sua vida se torna um reflexo desse descuido e, dificilmente, conseguirá alcançar o que sempre sonhou.

- **Sexto Segredo** – Descobrir e viver seu propósito – Saber o porquê você acorda todos os dias faz seus dias terem sentido e brigar com o despertador passa a não ter lógica. Entender sua vocação e a melhor forma de entregá-la ao mundo faz toda a diferença na manifestação de sua vida. A gente recebe do Universo na mesma moeda que doamos para ele e a melhor forma de nos doarmos é vivendo o nosso propósito.

- **Sétimo Segredo** – Perpetuar e fazer valer o respeito e o autorrespeito – Sem se respeitar e respeitar o próximo, nenhum dos outros segredos fazem sentido. Esse segredo é o que valida todos os outros. É quando dizemos *sim* para a nossa vida, dizendo o mesmo para a vida do outro. É a forma que assinamos embaixo de quem escolhemos ser.

Para qualquer estratégia, é importante saber onde você está, aonde quer chegar, por que e como chegar, ou seja, conhecer bem o ponto de partida, de chegada e o caminho que vamos tomar e como faremos isso.

Para saber onde você está, é necessário o autoconhecimento para olhar sem medo para dentro de você – ou olhar com medo mesmo – e assumir a autorresponsabilidade para se tornar criador e não aceitar simplesmente ser criatura. E, nesse ponto, você tem que entender em que nível de gratidão e merecimento está, além de saber como anda sua alimentação CMA.

Assim que tudo isso estiver bem claro e resolvido dentro de você, é possível dar o primeiro passo para sua melhor versão e atrair para perto sua vida de sucesso em todas as áreas, mesmo que foque em uma área de cada vez como eu fiz, porém sem abrir mão de todas, pois, na

Parte 8: Entregando o sétimo segredo

GRATIfulness, não é preciso escolher uma conquista em detrimento de outra, no máximo, podemos escolher a ordem de entrega.

Lembre-se de traçar uma rota condizente a suas crenças atuais, pois, caso contrário, pode ser um caminho de frustrações e não de conquistas. Temos que delinear um caminho para que nossa mente acredite que temos condições de alcançar, mesmo que mudemos no meio. Quando você conquistar níveis maiores de gratidão e merecimento, terá conseguido passar a se alimentar melhor de corpo, mente e alma, e poderá almejar chegar um pouco mais longe, mesmo ainda não tendo alcançado o que queria no início.

Para saber aonde você quer chegar, é importante descobrir seu desejo, entender e descrever, clara e detalhadamente, tudo o que tanto quer e está nessa chegada. O que há do outro lado da ponte? O que está lá que é tão incrível a ponto de aceitar as dificuldades que podem existir no caminho sem desistir?

Tão importante quanto saber aonde quer chegar, é por que quer isso. O "onde" faz traçar a rota e o porquê faz ir mais rápido ou mais devagar – inclusive, desistindo com facilidade ou persistindo até o fim.

Entenda bem quem é nessa chegada, quem é essa pessoa que conquistou tudo o que sempre sonhou e busque ser essa pessoa dentro e fora de você agora. Entenda como ela reagiria às situações que se apresentam e busque ter o mesmo sentimento. Você se torna sua pessoa de sucesso para ter sua melhor vida. Existe uma técnica em PNL que se chama *modelagem*, na qual modela a forma de agir e pensar de alguém que o inspira. Nesse caso, seria sua própria versão de sucesso a grande inspiração.

O sucesso de ser você!

Então, siga isso e, se precisar, releia este capítulo para traçar a sua estratégia. Quando decidir seu ponto de chegada, lembre-se de associá-lo à sua conquista em benefício do seu propósito, pois isso lhe dará mais força na caminhada e, também, para dar o primeiro passo. Por vezes, descobrimos nosso propósito no caminho, assim como consegui realmente definir o meu – mas isso não é um empecilho para que trace sua estratégia de emagrecimento já no início do processo. Tudo pode ser recalculado durante o trajeto, lembra?

Agora que você sabe onde está, aonde e o porquê quer chegar, vamos pensar em como quer alcançar isso. Se sua busca leva a um lugar importante para você, é melhor que não o tirem logo de lá na chegada, certo? E traçar uma rota regada por respeito próprio e pelo próximo será o que o manterá nesse lugar.

Uma das coisas mais importantes que digo sobre traçar uma estratégia para sua versão de sucesso é que o caminho é o lugar que permanecerá mais tempo na busca por sua versão de sucesso. Então, que valha cada segundo.

Vibrar por cada conquista, curtir cada dia e ser grato por cada detalhe da caminhada vai fazer sua vida valer a pena, independentemente de você chegar até o final. Faça do caminho seu objetivo e não a chegada. Sabe o que acontecerá quando chegar lá? Você curtirá e traçará outro caminho. O prazer da chegada, por vezes, dura segundos, mas o de caminhar é constante. Leve isso para sua vida e não só para uma determinada conquista.

Durante o caminho, pratique a gratidão e amplie seu merecimento. Use essa estrada para ser melhor a cada novo passo. Se leu este livro até

Parte 8: Entregando o sétimo segredo

agora, é sinal de que seu merecimento já está melhorando e a prática da gratidão já está fazendo parte de sua vida.

Então, aproveite! Você merece ser feliz, merece realizar seus desejos, sejam eles ter abundância financeira, uma vida confortável, um corpo saudável, um grande amor ou tudo junto e misturado, e a única coisa que pode afastá-lo disso é não acreditar nessas verdades nem em si mesmo.

Não se compare a ninguém, faça as coisas por um você melhor a cada dia e por seu papel importante no mundo. Deste modo, tudo fluirá naturalmente em sua vida, seja no âmbito pessoal, no profissional, amoroso ou no que mais desejar.

Viva a vida de maneira consciente, não aceite apenas sobreviver. E quando a dor vier, os problemas apertarem, as pessoas desacreditarem, lembre-se de seu merecimento. Se é merecedor e acredita nisso com todas as células de seu corpo, como sei que acredita, não há como aceitar algo que venha só para estragar sua vida.

Quem tem merecimento olha para as pedras no caminho como uma forma de construir uma casa mais forte para seu propósito, e não como um problema; ou como uma forma de mudar o caminho que poderia estar errado; ou ainda, como uma forma de desviar a atenção para algo que, por algum motivo, não estava enxergando, mas que era de grande importância.

Lembre-se sempre do Círculo da Vida Consciente e do Círculo da Sobrevivência e tenha em mente que, por mais que a caminhada da transformação pareça difícil, sobreviver é muito pior e muito mais limitado. Uma vida na qual você está só contando as horas para finalizar o turno neste mundo. Eu sei que não quer isso para você, é uma vida sem felicidade.

Agora está quase na hora de fechar o livro e se encontrar com sua versão de sucesso, para viver sua melhor vida. Espero que, no caminho, possamos nos encontrar, pessoalmente ou por mensagem de texto, e que veja em você uma parte minha, assim como possa enxergar uma parte sua em mim também. E que sintamos que a nossa conexão, por meio deste livro, tenha nos ajudado a ser melhores.

Quando o olhar da gratidão permeia a nossa vida, passamos a ter certeza da bênção que é a nossa história e como é importante cuidar do corpo que nos permite protagonizá-la. Não só para que nós mesmos possamos viver nossa melhor versão e todas as incríveis possibilidades que vêm com ela, mas para que todos que amamos possam viver uma vida melhor. Assim, fazemos nossa parte na evolução do mundo e da humanidade.

56

COMO CHEGUEI ATÉ AQUI

Eu não teria chegado até aqui sem a influência de um monte de pessoas, conhecidas e desconhecidas e seus ensinamentos em forma de livros, vídeos, cursos, *posts*, *lives* e até mesmo papos despretensiosos regados a um bom café.

Então, segue aqui uma lista de livros incríveis que serviram de referência e que me ajudaram a escrever este livro e que podem ser uma boa fonte para que você possa se aprofundar em alguns assuntos aqui abordados.

Gostaria, inclusive, de aproveitar e agradecer a todos por suas existências e por disporem de seu tempo para passarem tanto conhecimento para as pessoas, com tanto carinho.

Parte 9

Sempre tem um pouco mais

Apêndice 1: Exercício da Bola de Neve Reversa

Para começar, pense nas questões que mais incomodam a sua vida e o que não o torna 100% satisfeito. Afinal, emagrecer não está relacionado a fazer as pazes apenas com seu corpo, mas também com sua vida. Portanto, não ficarei aqui focando somente no sobrepeso, pois não é exatamente o problema, mas a consequência de um ou mais obstáculos que, em conjunto, acabaram virando outro transtorno ainda maior.

Quando sentimos dor de cabeça, por exemplo, essa manifestação vem de alguma questão que, não necessariamente, tenha começado nesta parte do corpo na qual se manifestou. Porém, independentemente de onde seja sua origem, essa dor acaba se tornando um problema, pois atrapalha nossa vida, muitas vezes até nos impedindo de fazer coisas que precisamos ou que amamos.

Então, vamos lá. Em um papel, escreva o que mais o incomoda, que, como disse, provavelmente é proveniente de outro problema ou muitos deles que ficaram para trás. Vamos começar a buscar a fundo que floco de neve foi esse que rolou ladeira abaixo até virar a bola tão grande e pesada na sua vida. Siga como sugiro no exemplo a seguir.

Problema? Excesso de peso.

Quais decisões tomei que me fizeram engordar? Anote tudo o que vier à sua cabeça.

Depois de responder a cada uma das questões, pergunte novamente o porquê de ter tomado as decisões. E continue a se questionar até perceber que não tem mais respostas.

Atenção: não pare na primeira trava. Vá fundo, mesmo que pareça ridículo ou óbvio que esteja ali a resposta, pois, normalmente, a maioria das pessoas não tem noção real do que as fez engordar. Prepare-se, pois ficará surpreso como e por que chegou até onde está hoje.

Quando chegar ao sentimento ou sentimentos que buscou lá no começo da bola de neve e que fizeram iniciar essa sucessão de escolhas equivocadas, questione-se sobre o porquê de ter optado por tal decisão e como seria se trilhasse por outro caminho para ter o mesmo resultado. Isso vai ajudar a entender que você não está onde está por conta da sua última escolha e, sim, por uma sucessão delas. Desvendar tudo isso fará se entender mais e escolher melhor nas próximas vezes.

As respostas que mais ouço em um primeiro questionamento são:

- "Porque comi demais."
- "Não fiz exercícios."
- "Escolhi mal o que comer."

Parte 9: Sempre tem um pouco mais

Na segunda leva de respostas, tome como exemplo a primeira resposta: "Por que comi demais todas as vezes em que comi?". Vou usar como exemplo apenas a primeira resposta para não alongarmos aqui, mas deve fazer isso para cada questão, se existir mais de uma, como no caso que estamos usando. Aqui, as respostas habitualmente são:

- "Porque estava ansioso."
- "Porque sinto muita fome."
- "Porque estava triste."
- "Porque estava feliz."
- "Porque estava com raiva."

Agora, vamos pautar a terceira leva de respostas em função da primeira resposta anterior: "Por que comi demais nas vezes que fiquei ansiosa?".

- "Porque queria me sentir feliz."
- "Porque queria me distrair."
- "Porque via minha mãe fazendo a mesma coisa."

No desenvolvimento da primeira questão, chegamos ao sentimento. Então, a partir de agora, mudamos um pouco a dinâmica para continuar nas respostas 2 e 3. Perguntas para a resposta 1 anterior:

1. "Por que escolhi comer para me sentir feliz?"

2. "Quais outras opções eu teria para chegar ao mesmo resultado?"
3. "Como ficaria após cada uma dessas opções?"

Este é um exercício demorado, mas tão importante, que deveríamos fazer de tempos em tempos. A autoanálise é fundamental para conseguirmos sair do lugar, pois se não sabemos onde estamos, não temos como chegar aonde desejamos. A autoanálise é um bom começo para chegar a algum lugar diferente de onde você está.

Apêndice 2: Exercício de autoconhecimento

Pegue um papel e uma caneta e vamos começar a fazer o grande filme de sua vida. Evite fazer no computador. O ato de escrever é importante para todo o processo de aprendizado, como muitas pesquisas mostram.

Escreva tudo o que sabe sobre você com riqueza de detalhes, como se estivesse descrevendo a protagonista de um filme. Pense que este papel será entregue para a equipe de direção, de figurino, de elenco, de produção e de fotografia. É importante que tenha em mente que começamos agora a criar seu filme, não o primeiro de uma trilogia, mas o último, aquele que mostra aos espectadores que o protagonista, enfim, está em seu rumo certo. Isso não quer dizer que não terá mais momentos de tensão ou de tristeza, mas que, a partir de agora, o mocinho saberá como se sair bem diante de tudo o que aparecer em sua vida.

Escreva um texto sobre si mesmo, como se precisasse que outra pessoa, que não o conhece, criasse um personagem exatamente igual a você. Seja minucioso nos detalhes, lembrando que quem vai ler é um desconhecido. Então, todo detalhe conta. Vou passar algumas perguntas para se fazer e responder em forma de texto, juntando todas as respostas – se achar difícil, simplesmente responda às perguntas e guarde para ler no final do livro. Não leia no meio. Deixe para o final – se possível, coloque num envelope e feche.

- Qual é seu nome todo? Como o chamam ou como gosta de ser chamado?

- Como é fisicamente? Como se veste e por que se veste assim?

- O que o faz acordar todos os dias?

- Você gosta de seu corpo? Está satisfeito com seu peso? Mudaria algo fisicamente em você?

- Quais são suas maiores qualidades e aptidões?

- Quais são seus pontos de atenção (algumas pessoas chamam de defeito, mas não acredito em defeitos), o que gostaria muito de melhorar em você?

- Como é sua relação com seus pais?

- Você tem filhos? Como é sua relação com eles?

- Você tem muitos amigos ou é uma pessoa mais reservada?

- Você se sente feliz e realizado?

- Quais as coisas que lhe dão prazer? Desde as bem pequenas até as maiores.

- O que o deixa triste?

Parte 9: Sempre tem um pouco mais

- O que o deixa irritado?
- Pelo que se sente grato?
- Quais foram os momentos mais felizes de sua vida?
- Quais os momentos mais difíceis?
- Quais pessoas fizeram grande diferença em sua vida para ser quem é hoje?
- Que tipos de coisas gosta de fazer?
- Você gosta de seu trabalho? Gosta de sua rotina semanal?
- Você está em um relacionamento? Como é este relacionamento? Acredita que seja construtivo para vocês dois? Se acha melhor agora do que antes de conhecer essa pessoa? E a outra pessoa? Ela evoluiu desde que se conheceram?

Esses são só alguns exemplos de questionamentos importantes para formar seu personagem, mas pode pensar em outras questões também.

Saber se definir é importante para traçar sua rota para onde quer chegar, mas pode ser que, por conta de crenças limitantes, cicatrizes, medos e excesso de autocrítica, não consigamos fazer isso com eficiência.

Portanto, como disse, coloque este texto em um envelope e o guarde ao começar seu processo, pois, ao finalizá-lo, pode ser que muito do que escreveu já não faça mais sentido e terá uma experiência interessante ao analisar a mudança. Você também pode parar para ler o conteúdo do

O sucesso de ser você!

envelope em momentos que já tenha caminhado bastante, mas ache que ainda não conseguiu nenhuma mudança.

Normalmente, ler o que você era ao começar e ver que realmente já mudou traz um novo gás para continuar até conquistar tudo o que deseja.

Para meditações guiadas, *e-books* de receitas e conteúdos extras, acesse o QR Code. Utilize a senha sucesso23.

Referências bibliográficas

BROWN, Brené; MACEDO, Joel. *A coragem de ser imperfeito: como aceitar a própria vulnerabilidade, vencer a vergonha e ousar ser quem você é*. São Paulo: Sextante, 2016.

CAPRA, Fritjof. *O tao da física: uma análise dos paralelos entre a física moderna e misticismo oriental*. São Paulo: Cultrix, 2011.

CARNEGIE, Dale; ALMEIDA, Livia de. *Como fazer amigos e influenciar pessoas*. São Paulo: Sextante, 2019.

CHOPRA, Deepak; KAFATOS, Menos; CORRÊA; Maria Sylvia; CAPUTO, Vera. *Você é o universo: crie sua realidade quântica e transforme sua vida*. São Paulo: Alaúde, 2017.

CHOPRA, Deepak; TANZI, Rudolph E.; CORRÊA, Maria S. *Você é a sua cura: 7 passos para turbinar a imunidade e ter saúde a vida inteira*. São Paulo: Alaúde, 2018.

DUHIGG, Charles; MANTOVANI, Rafael. *O poder do hábito*. São Paulo: Objetiva, 2012.

DWECK, Carol S.; DUARTE S. *Mindset: a nova psicologia do sucesso.* São Paulo: Objetiva, 2017.

DISPENZA, Joe. *Quebrando o hábito de ser você mesmo: como reconstruir sua mente e criar um eu.* Tradutor Celso Paschoa. Porto Alegre: Citadel Grupo Editorial, 2018.

DISPENZA, Joe. *Como se tornar sobrenatural: pessoas comuns realizando o extraordinário.* Tradutora Lúcia Brito. Porto Alegre: Citadel Grupo Editorial, 2020.

DISPENZA, Joe. *Você é o placebo: o poder de curar a si mesmo.* Porto Alegre: Citadel Grupo Editorial, 2020.

DISPENZA, Joe. *Como aumentar a capacidade do seu cérebro.* Porto Alegre: Citadel Grupo Editorial, 2023.

EULER, Elton. *O corpo explica as 3 funções do excesso de peso: Revelações chocantes sobre o motivo pelo qual pessoas não conseguem emagrecer.* São Paulo: Explica, 2022.

GRANT, Adam; SERRA, Afonso Celso da C. *Dar e receber: uma abordagem revolucionária sobre sucesso, generosidade e influência.* São Paulo: Sextante, 2014.

GRANT, Adam; RODRIGUES, Sérgio. *Originais: como os inconformistas mudam o mundo.* São Paulo: Sextante, 2017.

GRANT, Adam; SIMMER, Carolina. *Pense de novo: o poder de saber o que você não sabe.* São Paulo: Sextante, 2021.

Referências bibliográficas

GOSWAMI, Amit; PATTANI, Sunita. *Psicologia quântica e a ciência da felicidade. O caminho para a saúde mental positiva.* Tradutor Marcello Borges. São Paulo: Gaya, 2022.

KAHNEMAN, Daniel; LEITE, Cássio de Arantes. *Rápido e devagar: duas formas de pensar.* São Paulo: Objetiva, 2012.

KROSS, Ethan; CARINA, Claudio. *A voz na sua cabeça: como reduzir o ruído mental e transformar nosso crítico interno em maior aliado.* São Paulo: Sextante, 2021.

ROBBINS, Tony; BRASIL, Muriel Alves. *Poder sem limites: a nova ciência do sucesso pessoal.* Rio de Janeiro: BestSeller, 2017.

SITA, Mauricio Sita. *NeoMindfulness: Método comprovado, mude sua vida em sete semanas.* São Paulo: Literare Books International, 2020.

TRANJAN, Roberto. *O velho e o menino.* São Paulo: Buzz Editora, 2017.

TRANJAN, Roberto. *Chamamentos.* São Paulo: Buzz Editora, 2019.

TRANJAN, Roberto. *Rico de verdade.* São Paulo: Buzz Editora, 2021.